小さな
リフォーム
工務店

ひとり
親方の

徹底して
地域密着で
儲ける経営

Yusuke Hirano 平野 佑允

JN033354

同文舘出版

はじめに

まずは自己紹介からはじめさせてください。

小さい町の小さな工務店の社長をしている平野佑允（ゆうすけ）と申します。

大工だった父が1982年に平野工務店を立ち上げ、それから25年後の2007年に、私は不動産屋の営業スタッフを辞め、平野工務店を手伝うようになりました。

建築業と不動産業は、同じ「家」を扱う仕事にもかかわらず、商売のやり方がまったく違います。

同じ「家」という商品を扱いながら、違う商売の方法を経験したことで、私は工務店や建築店の本来のあり方を考え直す視点を持つことができました。

簡単にいいますと、地域にある町の不動産屋さんは、地域に根づいて、それを強みにして商売をしているのに、工務店は同じ町にありながら、何でわざわざ他の地域に出向いて仕事をすることが多いのだろうと思っていたのです。

当時の平野工務店ももちろん同じで、元請け企業から依頼され、地元以外の現場に行って工事をするのが当たり前でした。そんな時に襲ってきたのがリーマンショック後の不況。下請け仕事しかしていなかった平野工務店は、元請けからの受注減で経営危機に陥りました。

下請け業しかしてこなかった後悔……。それを強く感じ、「下請けは、もう辞めや！」と下請け脱却を決意し、「町に根づいた不動産屋さんならぬ、町に根づいた工務店になったろ！」と動きはじめたのです。

　そんな手探り状態からはじめた「地域密着化計画」でしたが、ありがたいことに私を後押ししてくださるたくさんの方との出会いもあって、こうして本を書かせていただけるところまで歩んでくることができました。

　脱・下請けを実現するには商圏は狭いほうが有利です。お客様が家のことを相談する時、「近い」ということは大きなメリットになります。少額工事からOB顧客を増やしていけば、地域に根づいた安定した経営ができるようになります。

　本書では、できる限りわかりやすく、できるだけシンプルに、地域密着工務店へのスピード成功ノウハウとメリットを、私の経験を元に書き込みました。初めての書籍執筆ということで、読みづらく感じる部分もあるかと思いますが、町の工務店のお兄さん（41歳はおじさんでしょうか）が書いたということで、ご了解いただきたいと思います。

　本書を読んでくださった方にとって、何かひとつでも参考にしていただけるものがあれば幸いです。

平野佑允

目次

小さなリフォーム工務店・ひとり親方の
徹底して地域密着で儲ける経営

はじめに

プロローグ　小さな工務店・ひとり親方の皆さんへ

1章　まずは商圏エリアを決める！

6章 賢く儲けるコツ教えます！

7章 儲ける前に知っておきたい 「お金」と「時間」の思考法

カバーデザイン　　齋藤 稔（G-RAM）
本文デザイン・DTP　草水 美鶴
本文イラスト　　　内山 良治

小さな工務店・ひとり親方の皆さんへ

01 とにかく下請けから 卒業したかった日々

　夜20時半すぎ、知人と食事を楽しんでいる最中に携帯電話が鳴った。着信の表示には得意先の名前が出ている。お酒も入り話も盛り上がっていることもあって、電話に出ずにやり過ごそうかと思いながらも、鳴り続ける呼び出し音に負けて電話を取る。

「この間の見積りだけど15万円くらい値引きしてもらえない？ 次の現場で帳尻合わすようにするからさぁ」

　150万円の見積りで15万円も値引き？　今すぐには原価がわからないから、どこまで値引きを受けていいものかわからない。「明日、折り返します」と答えようかとも思ったが、結局は15万円値引きするという答えは明日になっても変わらない。なぜなら、うちの一番の得意先なのだから**値引きするという答えしかない**のだ。「今回は値引きしますので、またどこかで少しくらい儲けさせてくださいよ！」。そう答えるしかなく、そして、もちろん15万円を取り返せるような機会はめぐってこなかった。

　見積りを出すたびに得意先の予算に合わせるしかない。だからといって協力業者さんを値切るわけにはいかず、板挟みの平野工務店は**利益率の低い下請け仕事をこなすばかり**。夜遅くにかかってくる電話は、見積りの細かいチェック、工期短縮の要望、請求書提出の督促……。土曜も日曜も仕事に追われるはめになり、家族もほったらかしで肩身が狭い思いをする日々だった。

　唐突ですが、下請け時代のことを思い出しながら、当時の私自身のことを書いてみました。おそらく、共感してくださる人も多いのではないでしょうか。

【値引きで苦しい下請け時代】

02 全国の小規模工事店や ひとり親方の皆さんへ

　前項を読んで、まったく同じとはいわなくても、同じようなことを経験していたり、今まさにそんな状況の中で毎日頑張っているという読者の方がいると思います。今、私は「ひとり工務店の社長」をしながら、同じ業種の方に経営セミナーや個別指導を行なっているのですが、受講生の方の相談に乗っていると、**全国各地、場所は違っても、元請けと下請けの関係はそんなに変わらない**のだと感じます。

　そんな皆さんからの相談に乗るたびに、当時の自分の「気持ち」を思い出します。相談にこられた方には当時の自分の姿が重なって見え、少しでもよい方向に向かっていくようにと心から応援しながらアドバイスさせてもらっています。なぜなら、私もそれだけつらく、苦しく、やりがいもなく、時間もお金もない、一言では表わせないほどの感情を味わってきたからです。

　私は今、本を書くということで、皆さんを応援する機会を得ることができました。とてもうれしく思っています。セミナーをする時は、いつも小さなことでも伝え忘れることがないように心がけているのですが、本書でも同様に伝え忘れがないように、しっかり書き込みたいと思います。**何かひとつでも皆さんに届くものがあれば幸いです。**

　本書の執筆期間中も、皆さんと同じように現場をこなし、仕事と日常の合間を縫って書いています。机上の空論ではなく、現場に出ているからわかることを、誰でもすぐに取り組めるような内容でお届けしたいと思っているので、ぜひおつき合いください。

【本書をきっかけに下請け脱出してください】

やりがいがない

つらい

時間がない

苦しい

お金がない

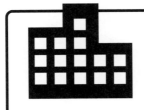

リフォーム工務店

下請け

少しでもよい方向に向かうよう一歩を踏み出そう！

03 皆さんには遠まわりを してほしくないのです

　約13年前、私が28歳の時に父親の経営していた平野工務店を手伝うようになり、本当にいろいろな事業に取り組もうと模索し、実際に取り組んできました。

　現在、平野工務店は基本的に新築工事は受注していません。リフォーム専門店というわけではないのですが、よほどのご縁がない限り、新築工事はしないと今は考えています。

　しかし、ほんの数年前まではそんなふうに考える余裕もなく、年間1件は新築工事を請け負うことを目標にしていました。そのため、大手ハウスメーカーの新築受注支援システムにも加盟して取り組んでいたこともありました。しかし、結局そのシステムでは1件も受注することができず2年で脱退したのですが、加盟金、販促活動用の備品購入、東京・大阪セミナーへの出席など、結構な費用を使ってしまいました。その後にも、リフォームと不動産仲介を組み合わせて営業支援してくれる会員ネットワークに加盟するも、こちらも1件も成約できないまま月会費だけを出費して1年半で退会することになりました。

　どちらの事業も、成功している方々もいるので、「その事業が悪い」というわけではないので誤解しないでください。ただ、当時の私は**「売り方を知らなかった」**と反省をしています。

　いろいろなことに取り組んだことは、いい経験ができたと思っていますが、当時を振り返ると、随分と遠まわりをしたし、**時間もお金ももったいないことをしてきた**と思ってしまいます。そんな思いもあって、私の遠まわりが皆さんの近道につながってほしいと心から願うのです。

【時間もお金もかかった模索時代】

年間 1 件の新築受注目標

いろいろなシステムに手を出す

- -

受注支援システム加盟

加盟金、備品購入、交通費などの出費がかさむ

- -

不動産仲介とのセット営業ネットワーク

月会費はかかるが受注はなし

 失敗の最大の原因は「売り方を知らなかったこと」！

1章

まずは
商圏エリアを
決める！

01

こんなに「狭いエリア」で いいのです

　早速ですが、私が経営する平野工務店の商圏エリアをお伝えしましょう。平野工務店の**メイン商圏エリアは5,000世帯**です。兵庫県神戸市垂水区に事務所があり、神戸市の中心市街地である中央区の三宮からは、電車でも車でも30〜40分くらいかかります。その事務所のある周辺が平野工務店の商圏エリアになります。ちょうど5,000世帯くらいです。

　もう少し説明すると、**事務所を中心に半径1.5キロ**くらいになります。まだわかりにくいでしょうか。では、**「中学校区くらい」**という表現ではどうでしょう。何となくわかっていただけたでしょうか。さらにつけ加えると、エリアの端から端までは、歩いて30分くらい、自転車だと15〜20分くらい。通学範囲くらいですから子どもたちが歩いて通える広さということになります。

　それぞれの町によって違いはあると思いますが、平野工務店では主要幹線道路2線の間に位置するので、車で通勤ラッシュ渋滞にも巻き込まれず、信号にもあまりつかまらず、**エリア内の一番遠いところでも事務所から10分以内で行けます**。つまり「狭すぎない？」と思うくらいのエリアなのです。

「そんな狭い商圏エリアで商売になるの？」と思われたかもしれません。実際に「そんな狭いエリアでやっていけるのですか？」と聞かれたこともあります。もちろん、答えは「はい」です。ホームページの集客に限っては車で20分くらいまでを商圏エリアにしていますが、この「商圏の狭さ」のメリットは、後述します。とにかく、「メイン商圏は5,000世帯だけ」ということを覚えておいてください。

【中学校区サイズが商圏になる】

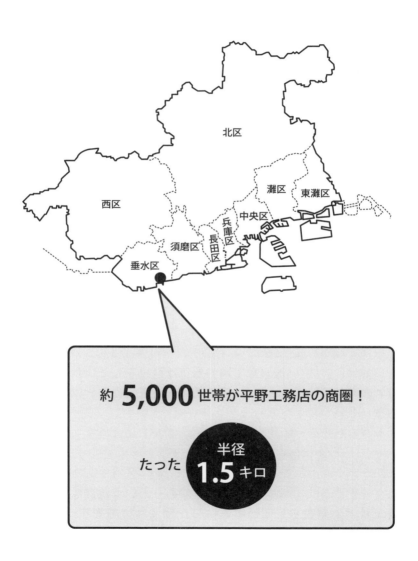

約 **5,000** 世帯が平野工務店の商圏！

たった　半径 **1.5** キロ

02

「近い」というだけの根拠のない
メリットを最大利用

　平野工務店が受注する際、**「近いから安心だと思ったので」**と
よくいわれます。私自身も**「近いから安心ですよ」**とよくいって
受注につなげてきました。チラシの投函をやりはじめた当初から、
何の疑いもなく「近いから安心！」というフレーズを使っていた
し、お客様にそういわれても「そうですよ！」とすんなりと受け
入れていました。

　しかし、セミナーなどで「近いから安心！」というフレーズを
何度も使っているうちに疑問がわいてきたのです。それは「近い
＝安心」と当たり前のよう使っているけれど、近くてもしっかり
した工事をしない業者もいるだろうし、近くても適正価格を無視
した高額請求をする業者もいるのではないだろうか、と。つまり、
**よくよく考えてみれば「近い＝安心」には何の根拠もなかったの
です。**

　では、どうして「近いから安心」だとお客様は思うのでしょう
か。それは、**「いい加減な工事や悪徳な商売をしていたら、この
町で商売を続けていけなくなるのだから、そんなことはしないだ
ろう」**という勝手な思い込みなのです。

　もちろん、いい加減な仕事や悪徳と思われるようなことをして
いたら、いつかは商売できる環境をなくすのも事実です。しかし、
とにもかくにも、この「近い＝安心」というイメージを上手に使
わない手はありません！　**「近い＝安心」という武器は、地域密
着エリアで商売をしている人にしか使えないのです。**さらに、
5,000世帯商圏とい超狭いエリアでは「超近い＝超安心」となる
わけです。

【「近い＝安心」は本当に近い工務店にしか使えない】

21

03

商品チラシを入れている会社に
パッキン交換は頼めない

「家には大なり小なり必ず修理したいところがある」

　これは私がセミナーでいつもお伝えしていることです。もちろん、恥ずかしながら我が家も、床鳴りがしていたり、トイレの洗浄レバーが不調だったり、手すりが汚れてきたり……、改めて家の不調や不満を探してみると次々と出てきます。

　普段から修繕修理をしてくれる専門業者さんと仕事をしている私たちは、頼めばすぐに解決できます。しかし、一般の人はどうでしょうか。普通は身のまわりに専門業者はいないですよね。

　平野工務店のチラシには、「お家のことは全てお任せ！」と大きく書いています。ですから、チラシを見た方からは簡易な修繕修理の問い合わせがたくさんきます。そして、必ずといっていいほど、**「今までどこに頼んだらいいのかわからなくて」**とおっしゃるのです。

　つまり、一般の人は「どこに頼んだらいいのだろうか」ということに困っているのです。そこで改めて本項タイトルの言葉に戻ってほしいのですが、家の小さな困りごとである簡易な修繕修理を頼みたい人が、「キッチン35万円引き」「ユニットバス65% off」と割引率はいいけれど、「数十万円の商品」を扱っているチラシを見て問い合わせをするでしょうか？　私なら「こんな些細な修理には対応してくれないだろう」と考え、問い合わせできないと思います。では、**お風呂やキッチンのリフォームをしたい人と、些細な修繕や修理をしたい人の、どちらが世の中には多いでしょう？**　答えは圧倒的に後者です！　ならば、単純にそこにアプローチすべきなのです。

【家の修理を頼みやすいのはどちらのチラシ？】

商品と値段ばかりのチラシでは修理の依頼はできない。お客様は問い合わせ先を探している！

04

ちょうどいいのは
「年に６回だけ」のポスティング

　ここでは、「チラシのやり方」をお伝えします。ポイントは２つあります。**①２ヶ月に１度入れるということ、②ポスティングで入れる**ということです。

　まずはなぜ２ヶ月に１度なのかというと、**一番反響率が上がる、周期に合ったちょうどいいペース**だからです（科学的根拠はありませんが）。平野工務店では、チラシをやりはじめて反響が増えてきた頃に、「１ヶ月に１度」にすれば、単純に倍の反響があるのではと考え、試したことがありますが、結果は、反響数も反響率も倍にはなりませんでした。それどころか、「２ヶ月に１度」のほうが反響数も反響率もいいくらいでした。原因はきっと**「見飽きた感」**につながってしまったことでしょう。「また同じチラシが入っている」と思われ、消費マインドが落ちたのだと思います。

　では、チラシ代を節約して「３ヶ月に１度」にするとどうなるか。今度は**「間延び」**してしまい、これまた反響数が落ちてしまうのです。ですから、チラシを入れるペースは「２ヶ月に１度」がちょうどいいのです。

　そして、必ず「ポスティング」で入れることが大切です。しかし、ポスティングは自分で入れようとすると、入れ終わるまでに時間がかかったり、途中で中断（挫折）してしまうことが多いので、ポスティング専門業者に依頼することをおすすめします。

　ポスティングのメリットは次項で詳しくお伝えしますが、新聞折り込みよりポスティングのほうが、手に取ってもらえる確率が絶対に高いので、我々は「確率の高いほう」を選ぶべきです。

【「しつこさ」を感じない２ヶ月に１度のチラシ】

05

チラシ配布のつもりが勝手に OB 顧客フォローになる

　チラシのやり方のポイントであるポスティング。このポスティングを専門業者に頼んだ場合の費用を参考までにお伝えすると、**1回約5万円**です（地域によって差はあります）。読者の皆さんが「1日で稼がなければならない利益」と「ポスティングに費やす時間（ポスティング費用）」を比較すると、ポスティング専門業者に頼むべきである、ということはわかっていただけるのではないでしょうか。

　さて、話をタイトルに戻しますが、ポスティングによるチラシの効果は、新規のお客様の獲得だけでなく、OB顧客（これまでに受注したことがある既存客）のフォローにもつながることです。以前、こんなことがありました。チラシ投函をポスティング業者に依頼した数日後に、何度も工事をさせていただいているOB顧客から、**「チラシを入れてくれてありがとう」とわざわざ連絡があり、そのまま家の修繕の依頼をされたのです**。そう、私がチラシを入れたわけではないのに、お客様は私がチラシを投函してまわっていると勘違いされていたのです（もちろん説明しましたが）。

　よくOB顧客のフォローの方法で、「季節のお便りを定期的に送りましょう」とか「自社のリフォーム新聞を配りましょう」と聞いたりもしますが、5,000世帯という狭いエリアでの販促活動では、チラシを2ヶ月に1度ポスティングするだけで十分なOB顧客フォローになるのです。

　そして何より、忙しい少数リフォーム店においては"無駄なくシンプルな販促活動"であることが大切なのです。

【ポスティングチラシは新規客にも OB 顧客にも効く】

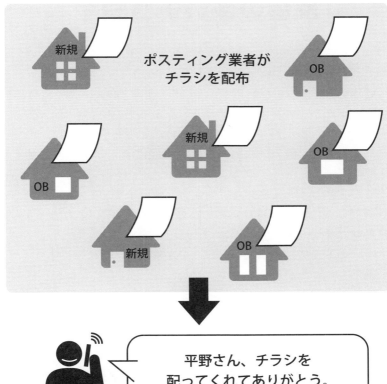

平野さん、チラシを
配ってくれてありがとう。
洗面台を替えたいのだけど
ちょっと寄ってもらえない？

もちろん！
喜んで！

06

「よいチラシ」それは
反響の多いチラシ！

　皆さんは「よいチラシ」について考えたことはあるでしょうか。私もなかなかその答えが見つけられなかったので、平野工務店でも商品チラシや手書きふうチラシやいろいろなチラシを今まで試してきました。結果的には現在は、**「お家のことは全てお任せ！」**チラシ（通称「キッカケづくりチラシ」。全国のセミナー受講生の方が実践しています）だけを配布しています。

　なぜなら、**地域密着リフォーム業においては、「とにかく問い合わせが多いチラシ」がよいチラシ**だと気づいたからです。リフォーム業で成功するためには、OB顧客をいかに早く、たくさん獲得できるかが重要です。

　チラシ効果での売上が年間1,000万円と仮定した時、Ⓐ200万円×5件＝1,000万円、Ⓑ50万円×20件＝1,000万円のケースを比べると、総売上は同じでも、Ⓑのほうが、顧客獲得数が4倍多いので、将来的な売上も4倍増える可能性があります。**OB顧客が増えれば増えるほど将来の売上も比例して増えていく**のです。また、新規客よりOB顧客の依頼のほうが成約率も当然上がります。

　地域密着店としてスピード成功するためには前述したように、「家には必ず修理したいところがある」わけですから、5,000世帯の中で、いかに早くたくさんのOB顧客を増やして、その修理修繕に携わるきっかけを多くつくれるかが重要となるのです。

　なので、何度もいいますが、とにかく反響が多いチラシが「よいチラシ」ということになるのです。

【少額でも、とにかく顧客数の獲得が大切！】

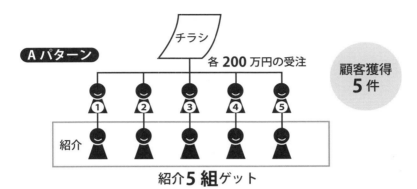

売上は **200万円×5件＝1,000万円**

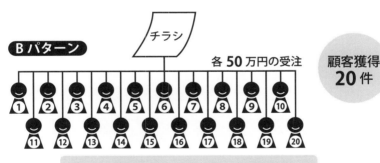

売上は **50万円×20件＝1,000万円**

売上はAパターンと
同じだが……

この先の紹介**20組**ゲット！

少額の工事でも、とにかく多くのOB顧客を獲得できる
方法を選択することで、将来的な売上につながる！

07

エリアが狭いので、現場の かけ持ちも無理なく可能に

リフォームといっても様々な内容がありますよね。パッキン交換のような小さな修理から、お風呂やキッチンの交換、場合によっては柱だけを残して全面改修するような工事まで、本当に大小様々です。

その多種多様な複数の工事を、1件ずつ順番に終わらせて、新たな工事に着工していくことで経営が成り立つのであればよいのですが、実際には工期にも追われますし、そんなに甘くないのが現実です。そう、ある程度の年間売上と利益を確保するためには、**複数の現場を同時にこなさなければならない**と感じてきました。

また、入居中に行なう工事であれば、1日の間に何度かうかがって、**お客様とのコミュニケーション**も大切です。

さて、5,000世帯地域密着型の商売であればどうでしょう。現場と現場の移動時間が、エリアの端から端でも15分ほどなので、① 8 :30、②9:00、③9:30というように着工時間を順番にずらしておけば、すべてが入居中の工事でも無理なくかけ持ちが可能になるのです。移動時間に30分や1時間かかる商圏エリアだと、やはりこういう訳にはいかないので、1日1件ずつ施工するか、立ち会いができないことを覚悟して工事に着工することになり、結果、立ち会えなかったために、後からトラブルやクレームが起こってしまう、なんてことも……。しかし、5,000世帯地域密着型であるからこそ、地域をまわっている間の「ついで現場まわり」もできるのでクレームやトラブルが減ることにもつながるのです。

【効率のいい現場のまわり方】

移動時間 **15 分**

移動時間 **1 時間**

**1時間45分で3件
まわってこられる**

**2時間15分で1件しか
まわっていない**

08

注意！ただの便利屋さん にはならないように

　少額工事でもどんどん受注できるようにアプローチすることは大切ですが、さらに顧客を取り込みやすくするために、「工事以外のこともお手伝いします！」などとアピールしてしまい、ただの便利屋さんだと思われてしまうことのないように注意することも大事です。

　私たちプロの建築屋が、便利屋さん、**何でも屋さん路線を強めた販促活動をすることは、自らの価値を安売りしていることになってしまいます。**そうすると、どうしても工事以外の依頼が集まってきてしまいますし、本来受注につなげていきたい高額工事の依頼がどんどん遠くなってしまいます。

　「○○リフォーム店です。草刈りでも何でもします！」といううたい文句のチラシを見て、パッキン交換程度ならいいかもしれないですが、水まわりの入れ替えや間取り変更の工事を「安心して頼めそうだ」と思うでしょうか。いいすぎかもしれませんが、「この会社、本業のリフォームで経営していくのがしんどいのかな」と思われる可能性もあるかと思います。少し堅いいい方になりますが、**プロ工事店としてのプライドを持ち、そのプライドがお客様に伝わるからこそ、お客様は安心して発注し、お金を払ってくれる**のだと思います。

　早くOB顧客を増やすことの大切さはお伝えしましたが、どういうカタチで売上を増やし、どのようなOB顧客を増やすかを考慮しながら販促活動に取り組まなければ、自分の想いとは違う方向に進んでいく恐れがあるので注意が必要です。そう！　目指すは「住まいの町医者」なのです！

【本来の高額受注につながらないチラシはやめよう】

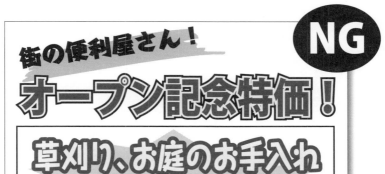

何でも受注がほしくて "便利屋さん" のような
販促はダメ。便利屋さんは、しょせん
便利屋さんであり、リフォームにはつながらない。
「仕事に困っているのかな？」と思われる可能性も

2章

地域密着営業を
はじめる前に準備
しておきたいこと

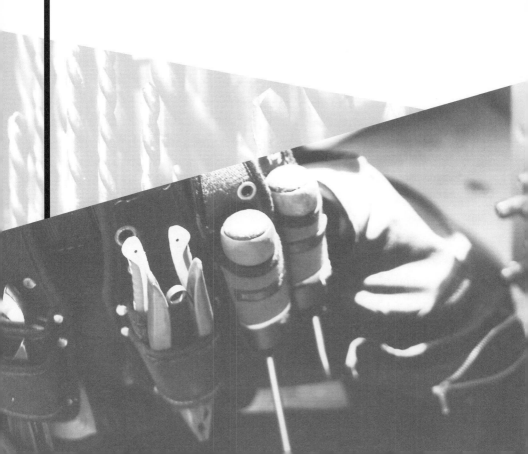

01
エリア近くの水道業者さんを
探そう

「お家のことは全てお任せ！」というチラシを撒いていると、当然、急なお困りごとの相談もたくさんきます。その中でも、**多いのは水道関係の問い合わせ**です。急な漏水はもちろん、以前からあったポタポタ漏水、そして、排水の詰まりなど。そういう問い合わせや相談には、ある程度迅速に対応する必要があるので、急に時間を取られるという意味では大変です。

　ですが、**逆にいうと「緊急」の問い合わせは、ほとんどが水道関係**ということになります。ということは、水道関係の緊急依頼に「すぐ」とまではいわなくても、早めに対応する準備ができていれば心配はなくなります。自分で修理できる人は自分が行けば済みますが、そうでなければ迅速に対応してくれる水道業者さんが必要になります。そうなると一番よいのは、商圏エリア内にいる確率の高い業者さんです。

　ちなみに、平野工務店でお願いしている水道業者さんは、ポスティングする5,000世帯エリア内に住んでいます。つまり、必ず最後は家に帰るわけですから、仕事の帰りに寄ってもらうことが可能なのです。帰りが遅くて当日に寄れない場合は、翌日の朝、他の現場に向かう前に寄ってもらうことが可能です。水道業者さんも、**行き帰りに「もうひと稼ぎ！」できる**ことになります。

　つまり、「お客様は即日修理してもらえてよし、水道業者さんはもうひと稼ぎできてよし、平野工務店は即日OB顧客を獲得できてよし」という理想的な"三方よし"の商売ができるのです。「困った時は近くの平野工務店」ということも、再度アピールできます。

【エリア内の水道業者さんと Win-Win の関係になろう】

水道業者さんの メリット	自社の メリット
・現場への行き帰りに 　もうひと稼ぎできる	・早い対応で印象よし ・即日 OB 獲得

平野工務店がいつもお世話になっている水道業者・応谷設備さん

02

エリア近くの材木屋さんと取引しよう

　水道業者さんは近いほうがよいと前述しました。もちろん、すべての協力業者さんが近いほうがよいのですが、今までのおつき合いもあるので、なかなか切り替えることができないのも現実です。平野工務店でも相当な時間をかけて、少しずつ近い協力業者さんが増えてきてくれました。そのことを十分に踏まえた上でお伝えしたいのですが、**材木屋さんだけは、何とか近くの業者さんと取り引きしてもらいたい**のです。ちなみに、平野工務店の取引している材木屋さんは、車で10分の場所にあります。

　では、なぜ近い材木屋さんがよいのか。それは、仕事の段取りから考えていくと、材木屋さんに材料を頼むというのは、解体して、新たに造作をするために材木を仕入れる場合が大半なので、材木屋さんが近くにあると、解体してから材木を準備することができるからです。一方、材木屋さんが遠方にあると、事前に材木を準備しておく必要が出てきます。そうなると、余分に準備する必要があったり、どれだけ事前に予測して準備しても、やっぱり足りないものがあったりします。すると、そんな手配の苦労も知らずに、大工さんは段取りの悪さを嫌って険悪な雰囲気に……。

　しかし、材木屋さんが近ければ、**大工さんに必要な材料を確認してから手配ができるようになり、不足も余分もなくなり、搬入や搬出の無駄もなくなります**。大工さんも必要な材木がすぐに揃うので気持ちよく作業に入れます。材木が余らなくなるので在庫を持つ必要もありません。私は近くの材木屋さんを自社の倉庫だと考えています。

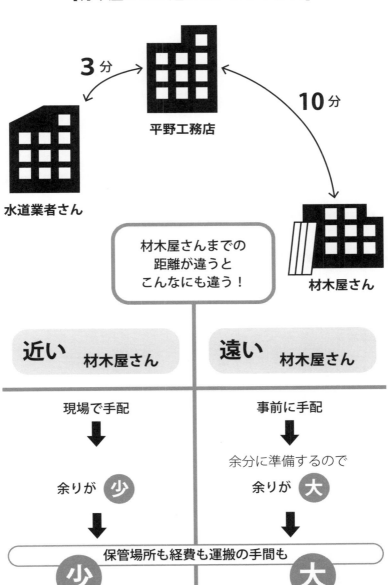

【材木屋さんが近いとメリットが大】

３分

平野工務店

10分

水道業者さん

材木屋さんまでの
距離が違うと
こんなにも違う！

材木屋さん

近い　材木屋さん

遠い　材木屋さん

現場で手配

事前に手配

余りが　少

余分に準備するので

余りが　大

保管場所も経費も運搬の手間も

少

大

03

ドロップボックスを活用しよう

　皆さんはドロップボックスをご存じでしょうか？　ドロップボックスとは簡単に説明すると、インターネット上に自分専用のハードディスクを持てるサービスです。平野工務店では複数の業者さんが必要な工事の場合は、ドロップボックスに**現場ごとにフォルダをつくって関係資料や写真を保管しています。**現地調査（現調）に行った後、協力業者さんと共有しているドロップボックスのフォルダの中に、新現場のフォルダをつくり、そこに現場で書いた工事概要図や写真を入れるというような流れです。

　次に、関係する業者さんに、見積りをしてもらうため、LINEやショートメッセージでドロップボックス内の新現場フォルダを確認してもらうように促します。各業者さんからは、質疑があれば連絡がありますが、最近は業者さんもこの流れに慣れてきて、スムーズに各業者さんから見積りが上がってくるようになりました。

　ここまででも便利なことは伝わったと思いますが、ここからさらに便利に利用できます。現場が着工となれば、現場地図をそこに入れておけば、**各業者さんはそこから確認してくれますし、各種の図面もそこに入れておけば、必要なものを印刷して現場に持ってきてくれます。**スマホやアイパッド、ノートパソコンにもアプリを入れておけば、出先からファイルを開けて図面などを確認ができるので、業者さんから質問がきても、資料を確認しながら回答できるわけです。

　協力業者さんたちは略して「ドロップ」といって、便利に利用してくれています。私のほうが「ドロップに○○入れておいて！」と急かされるくらいです。皆さんもぜひ使ってみてください！

【ドロップボックスはこんなに便利】

インターネット上の保存フォルダ

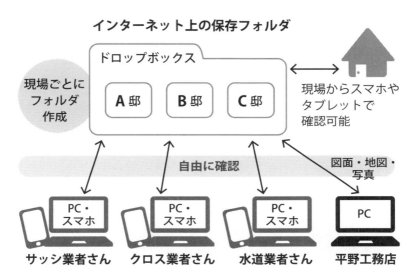

ドロップボックスを利用した見積りの流れ

現調後、図面や写真などを PC から
ドロップボックスに入れる

スマホの LINE で各業者さんに

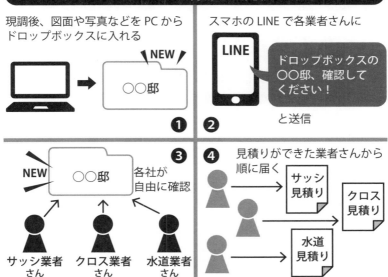

04

LINE はやっぱり便利

　私はまわりの人がLINEを使いはじめた頃、ショートメッセージで十分だし、相手に読んだかどうかを知られる「既読」という機能がどうも嫌で、頑なに「LINEはしない」といい続けていました。

　しかし、長いものには巻かれろとはよくいったもので、私よりも年配の業者さんたちもLINEを使いはじめて、というよりも、見事に使いこなしているのを目の当たりにして、いよいよ取り残されそうになったので、LINEを使うことにしたのです。

　いざ使ってみたら「何て便利なんだ！」と感激。そう、**特に写真のやり取りのスムーズさに感動**しました。しかも、後発的にLINE初心者となった私は、もう使い慣れているまわりの業者さんたちから使い方を教えてもらうことができたので、大助かり！それはそれで後発組でよかったのかなと思ったりしています。

　さて、ドロップボックスとLINEの使い分けについてです。**複数の業者さんが関係する工事の場合は、一括フォルダ管理ができるドロップボックスのほうが便利ですし、一社のみで完結する工事や見積りの場合は、LINEのほうがスムーズにやり取りができて便利**です。

　しかし、これはあくまでも私自身の使い分け方なので、読者の皆さんは自分の使いやすい方法を選択してください。

　とにかく、シンプルかつスピーディであることを最優先にして使い方を考えてみましょう。

【着工後の LINE とドロップボックスの使い分け】

LINE を利用するケース

・工事の進行に関わる写真のやり取り
・キーボックスの設置場所などの指示
　（写真に書き込みをして送信）
・追加工事などの指示

ドロップボックスを利用するケース

ドロップボックス

・住宅地図の保管
・図面の保管
・施工後の写真の保管

**工事完了済みフォルダをつくり、そのフォルダに
入れておけば、再依頼の際にわかりやすい**

05

現調ノートは手書きできる iPad を使っています

　私は決して IT に強いとはいえないのですが、それでも IT 新商品は大好きです。特に仕事の効率アップにつながると思えるものには、惜しみなく投資をします。たとえば、現調用に方眼紙のノートをずっと使っていたのですが、当たり前ですが、最後まで使用すると次のノートが必要となります。また仕事内容に応じてノートを使い分けると複数のノートが必要になります。見たい時にそのノートがなければ、すぐに確認することができません。紙である以上、データとして残したり、使用するためには、何らかのアクション（スキャン等）をする必要があります。

　そんな当たり前のことに、長年不満を抱えていたのですが、**新しい iPad に手書き機能がついたことを知り**、もしかして様々な不満が解決できるのではないかと思い、早速手に入れて使用することにしたのです。この先行投資が大正解で、ノート機能のあるアプリを入れれば、**複数のノートを iPad 内で所有でき、その記録もドロップボックスを使用すれば、安全に長期保管できるし、いつでもどこでも見たいノートを見ることができる**ようにもなりました。

　現場で使いたい便利な方眼紙のテンプレートもあります。また、煩わしかったスキャン等のデータ移行のためのアクションも不要になり、iPad 内から選んだページを、そのままドロップボックスの指定したフォルダに保存できるようにもなりました。少し重たいのと、充電が必要な点だけがネックです。費用もシンプルかつスピーディに仕事をこなすための投資であれば、安いものだと思うのです。

【iPad の手書きノートアプリ「GoodNotes」の紹介】

❶ 現場で iPad「GoodNotes」で作図

❷ ドロップボックスのフォルダに
「GoodNotes」から直接 PDF ファイルで
保存

❸ ドロップボックスにコピー（書き出し）
完了！

> **出先からもスマホで確認可能！**
> **関係業者さんも自由に確認可能！**

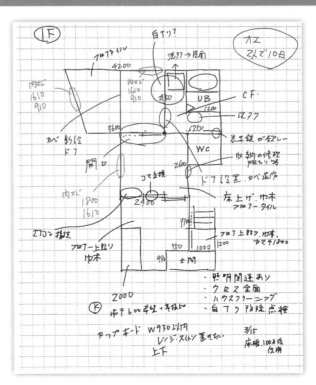

06

簡単な自社紹介パンフレットが
高額受注につながる

　地域密着であることのメリットは前述しましたが、本書ではもうひとつ、小さい会社であるメリットもお伝えしたいと思います。「えっ！　小さい会社にメリットなんかあるの？」と思われるかもしれませんが、実は小さい会社のメリットは結構あります。そのひとつが会社概要をうまく使えることです。会社概要というと堅苦しいので、「**自社紹介パンフレット**」と呼ばせてもらいます。

　右ページが平野工務店の自社紹介パンフレットですが、ご覧の通り、簡単なことしか書いていません。大事なポイントは、**手づくりではなく、ちゃんと印刷されたもの**であることです。

　では、どうしてそれが高額受注につながるのか。お客様は近くの会社で安心というイメージで平野工務店へ相談に来ます。初めての依頼の方だと、いくら近くて安心といっても、高額工事になれば多少は神経質になります。ご挨拶からはじまり、現調をさせてもらい、帰る間際に「よかったら見ておいてくださいね」と、自社紹介パンフレットを渡すのですが、これが効くのです。

　お客様は、大きい会社に依頼したなら、会社概要を渡されても当然と思うところですが、**小さい会社から、こんなパンフレットをもらえるとは思っていないので、これが想像以上の安心感を生む**のです。そう、「小さくてもしっかりしているから大丈夫そうだ」と思ってもらえるのです。この心理的作用が高額工事の発注を後押ししてくれるのです。もちろん、これも「近い」ということが大前提です。

【平野工務店の自社紹介パンフレット】

表紙　　　　　　　　　　　　　　　　　　裏面

中面

47

07

近隣挨拶は
安いタオルが一番よい

　私たち建築業者の大切な仕事のひとつに、近隣住宅への挨拶ま
わりがあります。工事の案内書と粗品を持参するのが一般的だと
思いますが、粗品については、私もいろいろなものを試してきま
した。

　洗濯洗剤、食器洗い洗剤、ゴミ袋、各種のタオルなどなど。個
人的には少し前まで粗品として使っていた、割と高額のタオルに
小洒落た社名プリントを入れたものが好きでした。しかし、結局、
安いタオルが一番でした！

　たかが粗品、されど粗品ではあるのですが、一番大切なことは
「直接お会いして工事の説明をしたくて来ました」という姿勢で、
そのことを最優先に考えると、やはり"たかが粗品"でもよいの
です。

　粗品に求める役割は、「もらって嫌な思いをしないこと」と、
何より大切なのは、「ポストに入ること」です。そして、新しい
工事のたびに使うのですから長期保管に適しているほうがよいで
すし、自分にも使い道があるものがいいですね。そう考えていく
と安物のタオルのポテンシャル（能力）はかなり高いのです。

　とにかく皆さんには、近隣挨拶のたびに粗品を買いに行かなけ
ればならないとか、ポストに入らなかったために出直さなければ
ならない、また、品物にこだわりすぎて費用がかさむといったこ
とは避けていただきたいのです。

【タオルが一番コストパフォーマンスがよい】

【粗品タオル】名入れ・のし紙巻き・透明袋入り　単価156円！

1度の注文で**100個**つくるとして、
合計 **15,600**円＋税

コストパフォーマンス
GOOD!

08

電話応対は「代行サービス」に任せればラクです

　読者の皆さんは**電話代行秘書サービス**というのをご存じでしょうか？　私のセミナーに来てくださる方たちに聞くと、知らないという方がほとんどです。簡単に説明すると、**自社にかかってくる電話連絡を、電話代行秘書サービスの会社に転送すると、その会社のスタッフが自社のスタッフに代わって、電話に応対してくれる**というものです。

　現在、平野工務店にかかってくる電話連絡は、すべてその電話代行秘書サービスに転送しており、電話応対業務がとてもラクになったので、ここでご紹介します。

　まず、電話による問い合わせがくると、転送先の電話代行秘書サービス会社のスタッフが応対してくれます。**応対後、メールでお客様の名前と連絡先、簡単な依頼内容が私のスマホに送られてきます。**あらかじめ「現場に行っているので、後ほど折り返します」と応対してもらうようにお願いしているので、こちらの準備が整い次第、お客様に折り返すという流れになります。さらに、私はそのメールをそのままパソコンに転送しているので、それをプリントアウトすれば顧客シートとして使用できるのです。

　問い合わせには100％対応してもらえますし、なおかつ、折り返しをこちらのタイミングで行なえるのも都合がよいのです。工事の内容も聞いてくれているため、事前に準備して連絡できるようにもなります。問い合わせが少ない間は、自身の携帯に転送していてもいいと思いますが、問い合わせが増えてきたなら、このように外注することをおすすめします。電話応対のためだけに事務員を雇うよりは、随分とコストダウンにもなります。

【電話代行秘書サービスのしくみ】

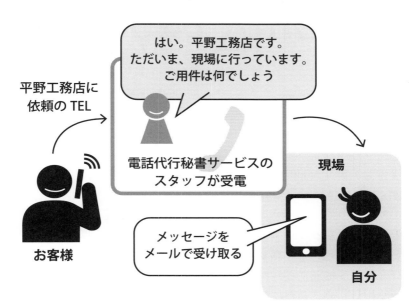

◆届くメールの例◆

差出人：代行サービス	2020年5月1日　10：00
to：平野工務店	
件名：【伝言】	

9：50　塩屋北町

鈴木様
玄関扉が閉まりにくいので、見ていただきたく、
お電話ください。
078-000-0000

09

どんどん増える顧客リストは うれしくて楽しい

　私は二代目なので、平野工務店で働き出した頃は、父親の取引先からの仕事を手伝うという業務がどうしても多かったのですが、リーマンショックの後、「脱下請け」と「地域密着経営」を宣言し、地元5,000世帯でのチラシ配布をはじめると、私自身の働くマインドも変わりはじめました。

　何がそうさせたのかというと、**「ゼロから売上をつくる」ことの楽しさ**を知ったのです。地域での顧客がゼロという環境の中で、チラシをポスティングしはじめて、問い合わせがくるようになり、ひとりずつ地域に顧客が増えていくのです。もちろん、売上も新しく出はじめました。当たり前ですが、**顧客が増えるということは、顧客名簿が1件ずつ増えていく**のです。それが、本当にうれしくて楽しくて。

　実は今でも、工事完了後に、顧客名簿に新しく1件増える喜びは当初の頃と同じです。いや、同じどころか、**顧客名簿の数が増えれば、売上が増えることを実感している**ので、初めの頃よりその喜びは増しているかもしれません。

　ゼロから売上を創出することの喜びや楽しみは、経験した人にしかわからないかもしれません。ぜひ読者の皆さんにも心から経験してもらいたいと願っています。ゼロからはじまり、500件を超えた平野工務店の顧客名簿は、私に自信を与えてくれました。そして、コツコツ頑張ることの大切さを教えてくれます。

【顧客がどんどん増える喜びを味わおう】

顧客名簿

	名前	工事内容	住所	電話
1	松本 A 男様	パッキン交換	垂水区〇〇町 0-0-0	000-000-0000
2	安藤 B 子様	コンロ入れ替え	灘区〇〇町 0-0-0	000-000-0000
3	上野 C 彦様	アミ戸張り替え	垂水区〇〇町 0-0-0	000-000-0000
4	岡村 D 美様	廊下フロア工事	長田区〇〇町 0-0-0	000-000-0000
5	西本 E 香様	門灯交換	垂水区〇〇町 0-0-0	000-000-0000

	名前	工事内容	住所	電話
100	佐野 F 幸様	雨戸修理	垂水区〇〇町 0-0-0	000-000-0000

	名前	工事内容	住所	電話
200	内山 S 代様	風呂入れ替え	灘区〇〇町 0-0-0	000-000-0000

3章

地域の皆さんは
私たちのような
お店を待っている

01

チラシを配る心構えは 「愛があれば大丈夫」

　初めて地域にチラシを撒くことに関して、セミナーに来ていただいた方から「少し不安です」と相談されることがあります。中には、まったく何の抵抗も不安もなく取り組むことができる人もいるかもしれませんが、ほとんどの人は少なからず、何らかの不安な気持ちがあるのでではないでしょうか。

　そんな不安な気持ちから、いろいろなことが頭の中をよぎり、取り組むまでに少し時間がかかる人がいるのも事実だと思います。しかし、どうせ実行するなら早いほうがよいのです。

　私自身も、地域でチラシを入れて営業することに慣れるまで、少し時間がかかりました。そして、当たり前のことですが、いろいろなお宅にチラシが入るわけですから、様々な方からの問い合わせがきます。「今回もチラシをやってよかったな」と思えることがほとんどなのですが、ごく稀に、悲しい思いや悔しい思いをすることもあります。

　私自身が、そんな様々な思いをしながらチラシを続ける中で、今のように吹っ切れるようになったのは、**「本当に困った時に助けてあげられるのは、地域にいる平野工務店しかない！」** と考えられるようになったからです。

　感情を超越した、**地域の皆さんに対する最大限の「愛」** です。この気持ちさえ持っていれば、どんなことがあっても平気だと、私は思えるようになりました。

【地域への愛が私の原動力】

02

社長の顔出し広告が手っ取り早い！

　前項で、チラシを撒くことへの不安やそれを乗り越える心構え についてお伝えしましたが、平野工務店の推奨する「キッカケづ くりチラシ」には、これからチラシ営業をしたい人をもっと尻込 みさせてしまうかもしれない大きな要素があります。それは、**社 長本人の顔出しが絶対条件**という点です。

　今でこそ、偉そうに「社長の顔出しが絶対条件です！」といっ ている私ですが、チラシをやりはじめた頃は、私もイラスト似顔 絵バージョンでした。理由は簡単で、私自身がどうも写真をチラ シに載せることに抵抗があったからです……。

　さて、そんな「社長の顔出し必要論」ですが、顔写真を載せる 必要がなぜあるのでしょうか？　これには、様々な答えがあるの ですが、その中で一番大事な答えは、**「初めてあなたの会社に連 絡しようとするお客様の不安を、一番取り除くことができる方法」** だからです。

　前項で、我々側のチラシをすることへの不安について書きまし たが、よく考えてみてください。お客様も初めてあなたの会社に "電話をして相談をする" というアクションを起こすのはとても 不安なことなのです。その不安を、顔写真が載っていることによっ て、できる限り取り除くことができるのです。**どんな人が来るの かわからないよりも、「この私が行きます！」と顔を知っていた ほうが安心**だからです。

　そして、小さな相談をしただけのお客様に「これからはお家の ことで何かあったら、私が助けに来ます！」という「愛」を持っ て現われるのですから、お客様はファンになってくれるのです。

【お客様の不安を取り除くチラシ】

似顔絵イラストでも
多少は伝わるが……

顔写真のほうが、見る人の
不安を取り除ける！

＝

電話を
かけやすい！

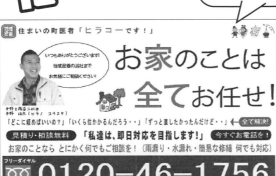

59

03

小さい会社には
やっぱりチラシが似合う

　皆さんご承知の通り、ここ20年ほどで一気にIT社会となり、広告宣伝も様々な方法で溢れています。ホームページにはじまり、WEB広告、最近はSNSなどを利用したものが、紙チラシよりも注目されているように思います。どの方法がもっとも優れているかは、いつの時代も誰にもわからないことですが、**「問い合わせがたくさんくる方法が正しい」**ということは変わらない事実だと思います。

　それでは、地域密着ビジネスにとって正しい広告方法はどれなのでしょうか。答えからお伝えすると、平野工務店のような**自称「小さい会社」には、やはり紙チラシがもっとも有効**なのです。そして、**紙チラシを中心にしながら、ITを利用した広告活動を最低限に行なうのがベター**です（ITを利用した広告活動については、後ほどお伝えします）。では、IT広告に比べ、紙チラシのどこがよいのかというと、ITはそもそも「世界中の不特定多数の人に情報を届けることができる」という点が最大のメリットです。しかし、**私たちに必要な広告活動は「地域5,000の全世帯に確実に届ける」こと**が一番なのです。

　私は必ずセミナーで、「小さい会社であることを自覚できたら、今まで見えなかったものが見えてきます」とお話しします。全国にある凄まじい数の建築同業者とインターネットで比べられて、優位になれる自信はありますか？　私には、そんな自信はありません。全国といわずとも、県内・市内で比べてもそれは同様です。それよりも目指すべきは**「極狭5,000世帯エリアでナンバーワン！」**なのです。そう考えると何が一番有効な方法なのかは明確です。

【チラシは確実に地元に届く】

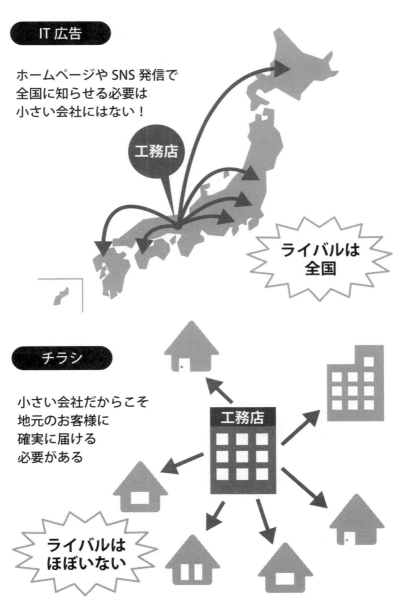

IT 広告

ホームページや SNS 発信で
全国に知らせる必要は
小さい会社にはない！

工務店

**ライバルは
全国**

チラシ

小さい会社だからこそ
地元のお客様に
確実に届ける
必要がある

工務店

**ライバルは
ほぼいない**

04
ホームページの「メール問い合わせ」は不要です

　とある月曜の朝、会社に行くと一件の長文による問い合わせメールが届いていました。細かい内容までは覚えていませんが、複数にわたる工事内容と、その工事価格を参考になるように教えてもらいたいというようなものだったと思います。

　皆さんも同じだと思いますが、月曜日の朝は何かと現場のことで気忙しいものです。着工日も月曜日が多いですよね。さて、「返信は早いほうがよい！」ということを、本やメーカー主催のセミナーなどで教わっていた私は、何とか時間をやりくりして返信をしました。しかし、結局、その後は返信がくることもなく、その案件は時間と労力を割いただけで終わりました。

　ケースは違いますが、同じようなことが何度かあり、平野工務店では問い合わせがなくなる覚悟で、ホームページのメール問い合わせフォームをなくしたのです。すなわち、**問い合わせを受けるには電話をかけてきてもらうしかなくなった**のです。この時、私は、「これでホームページはカタチだけのもので問い合わせがくることはもうない」と思いました。しかし、結果は違いました。**電話による真剣な問い合わせ相談がくるようになった**のです。平野工務店の電話問い合わせについてのホームページ画面を右ページに掲載しましたので、ぜひ参考にしてください。そして、私がこの一件で思ったことは、**お客様はホームページで表面的な情報を探しているわけではなく、「大切な家を大切に扱ってくれるかどうか」という、その会社の姿勢を探しているのだ**ということでした。そうしたことに気づくことができれば、メール問い合わせが必ず必要とは限らないのです。

【ホームページには電話番号をはっきりと】

メールでの問い合わせを
受けつけていない理由を明記し、
お客様に納得感を持ってもらおう

House Consultant Since 1992
有限会社　平野工務店

0120-46-1756
〒655-0881　兵庫県神戸市垂水区下相町霞ヶ尾303番地

TEL:078-751-1613　FAX:078-751-1789

HOME

Home ▶ 私たちのこと ▶ お問い合わせ

お問い合わせ

▶ 最新のチラシ

▶ 私たちの想い

▶ 当社自慢の大工衆

▶ お客様の声

▶ あなたの空屋貸しませんか？

お問い合せについて

当社では、人と人との繋がりを大切にしております。
お客様の（お問い合せ・お申し出・お悩み）を深くまで理解できますよう、
メールでのお問い合せではなく、
お電話での直接お問い合せのみとさせていただいております。

▶ 「４つ」のコダワリ

▶ つながリフォーム

お電話のお問い合せということで、
みなさま最初はとてもご不安かと思いますが、
「まず最初に安心をしていただくこと。」
それが、私たちの役割だと思っております。

▶ キッチンのリフォーム

▶ 洗面・トイレのリフォーム

▶ お風呂のリフォーム

▶ 室内工事編

▶ 屋外工事編

今までの経験ノウハウを活かし、
親切丁寧に最大限のご提案をさせていただきます。
ぜひお気軽にお問い合せください。

▶ クリマチハウス

▶ 水槽のある暮らし

▶ アパートメントリフォーム

▶ 土間井通の恵

▶ 由里台の恵

▶ 和田山の恵

▶ 再生の恵

TEL：0120-46-1756

HOME

私たちの想い｜最新のチラシ｜当社世事のＤＩ工衆｜お客様の声｜「４つ」のコダワリ｜つながリフォーム｜
ごあいさつ・会社概要｜スタッフのご紹介｜フォトギャラリー｜お問い合わせ

▶ ごあいさつ・会社概要

COPYRIGHT(C)2019 有限会社平野工務店 ALL RIGHTS RESERVED.

05

３万円以内の少額工事はすぐ
修理で「損せず"徳"を取れ」

　2章1項の「エリア近くの水道業者さんを探そう」では、価格のことについてはあまり触れませんでしたが、このページでは価格のことを含めた営業テクニックをお伝えしたいと思います。

　タイトル通り、**３万円以内の初めてのお客様の工事は、あまり利益のことを考えずに受注する**ように心がけてください。なぜかというと、答えは簡単です。**「高い」と思われると、次の依頼がこなくなる**からです。とはいうものの、こちら側が損をしてまで受注する必要はもちろんありません。

　さて、私の営業受注方法をご紹介しましょう。水道業者さんと現調に行き、**お客様の目の前で水道業者さん本人に「いくらで修理できますか？」**と聞きます。水道業者さんが仮に「部品代と工賃で15,000円くらいですかね」と答えたら、お客様に「その金額で修理しますか？」と聞きます。その時に「すみませんが、500円だけ経費をくださいね」と合わせて伝えます。これでお客様から「お願いします」といわれたら、すぐに修理をし、即集金して**「見積り・工事・集金」のすべてを完了させる**のです。

　その場で価格もいわず、わざわざ再度見積りを持って行って、後日工事をするとなると、経費も時間もかかるので利益も余分に必要となります。私の営業受注方法だと、水道業者さんと同行して、その場で価格を伝えて、すぐ集金するので、利益を上乗せしなくても実質的に損もしないわけです。何より、お客様からは、水道業者さんのいった価格で修理してくれるなんて「本当に正直な人」だと思ってもらえる訳です。そこが「損せず"徳"を取れ」なのです。

【少額工事で得られるもの】

06

少額工事から高額工事に
つながるサイクルを知ろう

　前項では、少額工事の営業受注方法についてお伝えしました。その少額工事の際に、「適正価格」であることと、「人 "徳"」をしっかり印象づけることに成功できれば、ファンになってくれた、そのOB顧客から新たな工事の相談が、そのつど入ってくるようになります。

　「正直な価格＝適正価格」で、迅速に、しっかり工事をした訳ですから、お客様は**「次に家のことで何かあったら、またあそこに頼もう」**という心の準備がしっかりとできています。

　簡単な修理に限らず、今度はリフォームをしたいとお客様が思った時、まったく今まで何も頼んだことのない会社にキッチンの入れ替えやお風呂の入れ替え、外壁塗装など100万円を超えるような工事の相談をするのと、以前に修理をしてもらったことのあるあなたの会社に相談するのと、どちらが不安なく相談できるかといえば、まずあなたの会社を選ぶでしょう。

　平野工務店のように地域で実績を積み上げてきていても、OB顧客からの問い合わせで、「キッチンの入れ替えをしたいのだけど、してもらえますか？」と、できるかできないかから確認されるお客様も稀にいます。つまり、その質問からも、**お客様は「どこに頼むか」ということに不安を抱えている**ということがわかります。

　ということは、できる限り不安の少ないところに、まずは相談してみたいと思うのが、お客様の気持ちなのです。

【少額工事から高額工事につながった例】

初回は少額工事からスタート。
そして次回の依頼は……

水道の水漏れ修理 **25,000** 円

ユニットバス入れ替え **1,100,000** 円に！

トイレ修繕 **60,000** 円

サンルーム建設 **2,850,000** 円に！

ツバメの巣の台設置 **5,000** 円

ドア交換＆内装 **750,000** 円に！

コンロ入れ替え **80,000** 円

シロアリ対策＆瓦修繕 **1,100,000** 円に！

**お客様は一度頼んだところに、
とりあえず相談してくださるもの**

07

即集金で請求書不要！
望まれていないことは
しなくてよい

　３万円以内の少額工事に限らず、平野工務店では**工事が終わっ
たらその場で即集金する**ことがほとんどです。特に工事前から即
集金を約束している訳ではないのですが、**お客様が見積りの金額
を用意してくれていることが多い**のです。

　私は工事が終わる際には、必ずといっていいくらい立ち会うよ
うにしています。理由は、即集金するためです。即集金するため
のポイントは、工事完了時に一言、**「支払いはどうしますか？」**
と伝えるだけです。その一言で、ほとんどの場合が「見積り通り
でいいの？　そうであれば、もう用意しているのですが」といわ
れるので、**「では領収書もありますので、集金させてもらいますね」**
という流れになるのです。

　ごく当たり前のような流れですが、一般のお客様向けの仕事に
慣れてない方は、ここで一仕事を自分から加えてしまいます。そ
う、「請求書をまたお届けしますね」といってしまうのです。そ
うなると、お客様のほうも、支払いを用意していることをいい出
せないまま終わってしまう……。さらに、もっといけないのは「振
り込みでお願いします」と、現金集金まで拒んでいた人もいまし
た。実は、過去に聞いたことがあるのですが、「今までお願いし
ていた会社は、支払いが振り込みだったので煩わしかったわ」と
おっしゃるお客様もいました。

「すぐ集金！」は、商売の基本中の基本であることは、今も昔も
変わらないですし、お客様は「請求書」なんて望んでいないので
すから、わざわざ用意して届ける必要はないのです。

【工事完了後の即集金のやり取り】

08

リフォーム営業は しゃべれなくて吉！ メモ、メモ、メモ、だけ！

　私は不動産の営業と建築の営業の2つの営業を今までに経験しました。この2つの営業は同じ営業であっても、お客様から求められていることが違います。2つの営業の違いについて書きはじめると、ややこしくなりそうなので、ここでは売るものによって、営業として求められることが違うということだけは、まず頭に入れておいてください。

　では、建築の営業についてですが、まずお伝えしたいことは、建築の営業は、「口べたでよい」ということです。

　私たちが売っているものは、今からつくるものです。逆に考えると、**お客様が営業に求めていることは、しっかりとつくってくれそうかどうか**、ということになります。ということは、「**私どもなら、しっかりつくれます！**」というアピールができることが受注につながるのです。

　そこで、タイトルに戻ってほしいのですが、私たちがすべきことは、お客様の望んでいることを聞き、それをひたすらメモ、メモ、メモすることです。そして、打ち合わせの最後に、「お客様のいったことはすべて書き留めましたよ」と、**実際にそのメモを見せながら内容について再度確認をするのです**。そうすると、その姿勢を見たお客様から、「この人ならしっかり自分の望んでいるものをつくってくれそうだ」と思ってもらえる訳です。

　「営業＝話し上手」は建築営業には当てはまらないのです。

【リフォーム工務店の営業 3 つのルール】

❶ 面倒くさそうな顔をせず、細かくメモを取りながら
お客様の話を聞くこと

- -

❷ べらべらおしゃべりは禁物！

「営業マンは話し上手じゃないといけない」という固
定観念は捨てましょう！
A：メモを取らず、調子よく話す営業
B：口数は少ないけど真面目にメモする営業
あなたならどちらの営業マンに頼みたいですか？

- -

❸ リフォームは細かい希望が多い業務。見積り抜けと
工事し忘れは絶対 NG ！

「鍵が不調」「棚がほしい」「網戸が外れそう」などな
ど、現調時、お客様はついでにいろいろと相談され
ます。それを聞き逃すことなく見積りに反映して、
お客様に「細かいことまでしっかり覚えていてくれ
た」と感動してもらえるようにしましょう。

- -

4章

見積り術と
段取り術を公開
します

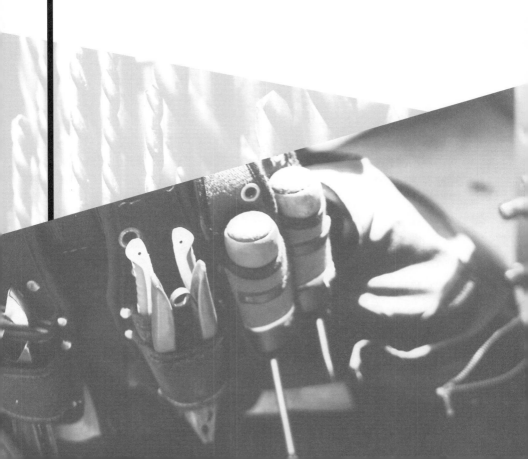

01

誰でもできる「見積りのコツ」
パート❶ 諸経費の書き方

　ここから3項は、見積りのちょっとしたコツについて、お伝えしたいと思います。パート❶〜❸に共通していることですが、「**できるだけ見積りの価格を高そうに感じさせないこと**」が大切なポイントになります。

　まず、そのために最初にすべきことは、**見積り内容をできる限り細分化する**ことです。そして、見積りの中で一番細分化に取り組みやすい項目は、諸経費だと思います。

　よく「工事総額の10%くらいを諸経費として一式で記載している」と同業者さんから聞くことがあります。ということは、300万円の工事総額だと、諸経費だけで一式30万円という記載をしているということです。

　一式で記載するにはあまりにも金額が大きすぎるように思いますよね。ですからお客様は、この**何に使われているかわからない諸経費30万円になかなか納得できない**のです。最終的には「諸経費が高くないですか？」と質問されて、値引きにいたるのがオチでしょう。

　この**諸経費を「仮設工事」「残材廃材処分費」「諸経費」の3つに分解**し、さらに右ページのように**細分化**します。すると納得のいく"諸経費"になるのです。というより、実際に必要な経費を正直に書き出しただけなのですが。

　この細分化という一手間を加えるだけで、お客様にしっかりと詳細が伝わるようになります。さらには、原価管理もしやすくなるのです。

【お客様に高く感じさせないよう項目を細分化する】

300 万円の工事をして諸経費を 10%の **30** 万円計上する場合

諸経費 **30** 万円

高く
感じる！

⬇ 細分化しよう！

諸経費内訳

① 仮設工事	清掃片づけ費	5,000 円
	雑役費・小運搬	10,000 円
	養生費	5,000 円
	最終仕上げ手間	15,000 円
② 残材廃材処分費		35,000 円
③ 諸経費	通信交通費	5,000 円
	現場管理費	145,000 円
	会社経費	80,000 円
	合計	300,000 円

**実際にかかる経費なので、明確に記載するだけの
ことですが、この一手間が大切**

75

02

誰でもできる「見積りのコツ」
パート❷ 商品は安く

　本項では、平野工務店が実際に過去に失敗していた見積りを公開したいと思います。

　どこの建築業者でも、キッチンやユニットバスや洗面台、フローリングや建材等のメーカー商品は、商社や材木屋さんを通して、それなりに安い掛け率で仕入れていると思います。

　私が実家の工務店を手伝いはじめた頃、先代である私の父親の見積りは、工事代にはあまり利益を乗せずに、安く仕入れた商品にばかり利益を乗せるような見積りのやり方をしていました。

　もちろん私も父親の教えの通り、そのままの見積りのやり方を引き継いでいたのですが、数年後、私のリフォーム経営の師匠となる方に平野工務店の見積りを見せると、こう指摘されました。**「安く仕入れできたものは安く売ってあげなさい。私たちは工事のプロなのだから工事を安売りする必要はないし、『しっかり工事ができる工事業者を選んでいるので、工事代は他社より高いです』といい切ればよい！」**と。さらに、「昨日、今日、明日、知り合った業者を連れてくることもないですし、今まで実績のある職人チームで工事します！」と。

　その言葉を、その姿勢を、見積りに置き換えると、「商品は安く、工事代は高く」と、なるのです。

【お得に感じる見積りとは？】

パッと見て、どちらが安く感じるでしょう？

見積り **A**

名称	数量	金額	備考
風呂入れ替え関連工事			
ユニットバス本体 **35%オフ**	1式	**690,950**	定価 1,063,000
既存浴室等解体及び処分	1式	25,000	
配管仕込み	1	25,000	
樹脂ドア枠　本体＋取付	1	27,400	
間口壁復旧造作	1	15,000	
スイッチ復旧電気工事配線	1	10,000	

見積り **B**

名称	数量	金額	備考
風呂入れ替え関連工事			
ユニットバス本体 **55%オフ**	1式	**478,350**	定価 1,063,000
既存浴室等解体及び処分	1式	60,000	
配管仕込み	1	38,000	
樹脂ドア枠　本体＋取付	1	27,400	
間口壁復旧造作	1	35,000	
スイッチ復旧電気工事配線	1	25,000	

商品が安いとお得に感じる！

03

誰でもできる「見積りのコツ」 パート❸ 半金、半金の記載

　それでは、見積りの最後のポイントです。前述した「工事が終わったら即集金」のコツとも重なるのですが、なかなかお金のことはこちら側からいいづらい部分があるのは事実です。支払いのことをあまりいえば、お金に困っていると思われそう……など。

　であれば、いわずに伝えることができる、簡単な解決方法があります。そう、**いいづらいのであれば、書けばいい**のです。

　どこに書くのかといえば、**見積書の表紙**です。見積書というのは、不特定多数のお客様に渡す書類なので、その見積書に記載しているということは、**当たり前のことだと思ってもらえます**。事実、平野工務店でも工事依頼時にお客様から、「半金を先に渡さないといけないですよね。用意していますので」といわれることが多いのです。そして、せっかくそういってもらえたのですから、「そうです。着手金として半金お預かりしています」と答えて、すぐに集金にまわっています。これで、こちら側からは催促せずに、半金お預かりできるのです。

　すべての工事を、半金お預かりしていると大変なので、少額で工期の短い場合は、そのつど判断して「終わってからでいいですよ！」と伝えて、工事完了後に集金することもあります（10万円くらいまでの見積りの場合は、「完工後5日以内」と記載する場合もあります）。

　とにかく、見積書に書いておくだけでお預かりできるのなら、しっかり書いておいて、お預かりさせてもらいましょう。こちら側の勝手な遠慮は不要です。

【見積書に書いておくだけ！】

御見積書

2020 年 4 月 30 日

山本　様

下記の通り御見積申し上げます。

御見積金額　￥1,820,000−

工事件名：キッチン交換工事

工事場所：神戸市垂水区○○町 1-1

工事期間：未定

支払条件：申込（契約）時に半金、完工後 5 日以内に半金

有効期限：見積提出後 1 ヶ月

ポイント

有限会社平野工務店　〒655-0861 神戸市垂水区○○町
　　　　　　　　　　TEL:078-751-1613　FAX:078-751-1789

04

粗利益率の計算方法、
間違っていませんか？

　読者の皆さんは「間違っていない」と信じて、本項を書こうと思うのですが、皆さんは粗利益率の計算をどのようにされているでしょうか。

　私のセミナーに「儲からない」と嘆いてこられる方の中には、粗利益率の計算方法を根本的に間違えている方が多くいます。そこで、あえて今さらなのですが、本項を設けました。

　建築業界の粗利益率は、誰に教えてもらったというわけでもなく、だいたい2〜3割というのが一般的だと思います。私自身も、年間にひとりで実現できる数字と会社に必要な経費を考えると、2〜3割の粗利益は必要だと実感しています。

　さて、この**「2〜3割の粗利益」**ですが、原価に対してのものなのか、売上に対してのものなのかで、全然、利益額が違ってきます。正しいのは**売上に対して**のもので、すなわち、売上に対する粗利益の割合が2〜3割あるというのが正解なのですが、文章だけだとわかりづらいので、右ページの計算方法と図解を見てください。

　ちなみに、決算書を銀行に提出する際も、担当者が利益率を計算する方法は売上に対する利益の割合なので、利益率を2〜3割にしているつもりでも、「社長、利益率は15％くらいですか？」といわれるということは利益率の計算方法を間違っている可能性があるので、改めて確認してみてください。

【粗利益率の計算わかりますか？】

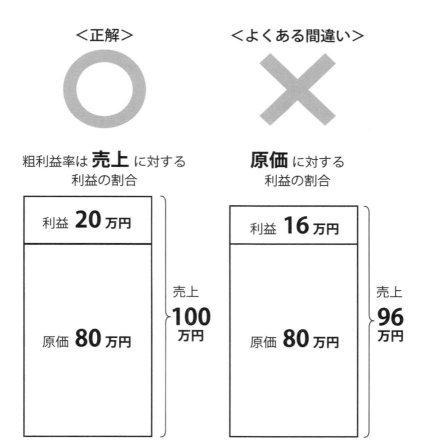

決算書から利益率を算出する方法が「売上」に対する
「利益の割合」です。その利益の中から経費をまかなう
のが正しい考えです。

年間原価 ÷ 年間売上 ＝ 0.8
1 － 0.8 ＝ 0.2 ＝20％（2割）

81

05

現在の現場案件数を5秒以内に
正確に答えられますか？

　上記タイトルの質問に今から5秒間で答えてみてください！
イチ、ニイ、サン、シー、ゴ！

　どうでしょう。答えられましたか？　ちなみに、この質問に含まれる現場案件とは、現調待ち、見積り中、見積り提出後の回答待ち、着工中、集金待ち、アフター対応中の案件すべてを指します。この問いに5秒で答えられる方はかなり優秀です。私が同業者にこの質問をして、5秒以内に答えられた方は、今まで、ほとんどいませんでした。実際に現場案件数をちゃんと数えてみると、実際より少なく答える方ばかりでした。

　わざわざ、この問いに答えてもらうことで、読者の皆さんにわかってほしいことは、**人間が頭の中で理解し、整理しておける現場数には限界がある**ということ。そして、その数は想像以上に少ないということです。本書を読んでくださった方が、地域密着経営に取り組み、軌道に乗りはじめると、今まで以上の現場を抱えることになります。平野工務店と同じ反響数があれば、チラシの2ヶ月サイクルで30件以上の問い合わせがくることになります。それにより、**常時20〜30件くらいの現場案件を常に抱える**ということになります。そうなると、到底、頭の中だけでは整理できません。

　では、どうすればすべての工事を管理できるのか。それは**工事管理表**で解決できます。偉そうに紹介しましたが、私のリフォームの師匠が、当時の忙しそうな私を見かねて教えてくれた最強の管理ツールです。ぜひ参考にしてみてください。

【工事管理表をつくろう】

今日すべきこと

工程確定は
塗りつぶしていく

NO	邸名と内容	住所	水 10	木 11	金 12	土 13	日 14	月 15	火 16
1	**青木邸** 玄関ドア入れ替え	垂水区○町 1-1-1	現調			見積提出			
2	**鈴木邸** キッチン入れ替え	垂水区○町 2-1-1	近隣挨拶		着工連絡			8:30解体	仕込み
3	**太田様** トイレ入れ替え	垂水区○町 3-1-1	材料段取り					養生	
4	**佐藤様** 漏水工事	垂水区○町 4-1-1		見積作成					
5	**石田様** 外壁塗装	垂水区○町 5-1-1	10:00施工					請求書	
30									

自分の限界件数を探してみよう！
目標は 30 件以上！

工事管理表作成のポイント

❶5秒以内に現在の現場数がわかる！
❷5秒以内に着工状況がわかる！
❸5秒以内に今日すべきことがわかる！

06

工程表（月間工事予定表）は
必ずつくってください

前項では工事管理表についてお伝えしましたが、工事管理表はあくまでも自分自身の予定を管理をするためのものです。

ですが、いくら自分のスケジュールを上手に管理しても、現場は現場で工程管理をしっかりしなければ、スムーズに取り組むことはできません。つまり、協力業者さんの工程管理をする能力も私たちには必要なのです。

私は、協力業者さんに**「平野さんの現場は工程表をつくって管理してくれるから助かるよ」**とよくいわれます。その業者さんに「他の取引先はつくってくれないの？」と聞くと、「ほとんどの取引先が工程表をつくってくれない」という返答があります。さて、皆さんはどうでしょうか？

工程表をつくるのは確かに時間がかかるし、間違えると後で大変になるという思いもあって、神経質になるのもわかります。それでも、作成に時間を要しても、神経質になってでも、結果的には絶対に工程表があるほうが効率的です（私の場合は、工程表をつくらないと不安で仕方がないだけかもしれませんが）。

工程表も現場一件ずつつくると大変ですが、**1ヶ月の工程を載せた月間工程表をつくってしまったほうがラクな時もあります。**

どちらにせよ、工程表による現場管理を徹底するようにお願いしたいと思います。

【月間工程表の大切さ】

8月工事予定表

顧客名 住所 工事内容	担当 業者	1 月	2 火	3 水	4 木	5 金	6 土	7 日	8 月	9 火	10 水	11 木
青木邸 垂水区〇町 1-1-1 玄関ドア入れ替え	A 大工		ドア搬入・工事 ←→									
鈴木邸 垂水区〇町 2-1-1 キッチン入れ替え	A 大工 B 設備 C 電気					解体・仕込み・据付・接続 ←————————→						
太田様 垂水区〇町 3-1-1 トイレ入れ替え	A 大工 B 設備				解体・工事 ←→							
佐藤様 垂水区〇町 4-1-1 漏水工事	B 設備						水道工事 ←→					
石田様 垂水区〇町 5-1-1 外壁塗装	D 塗装 E 足場								足場 ←→	塗装 ←————→		

**作成したら関連業者さんに FAX やメールにて通知。
平野工務店では、現場ごとの
工程表と月間工程表を使い分けています**

07

お客様が望んでいるのは 「いつ」と「なぜ」の2つ

　工事管理表と工程表についてお伝えしましたが、その2つで工事の時間管理をすることは、お客様への接客術にはあまり関係のないことのように思われたかもしれませんが、実は密接に関係しているのです。それは、まさに本項のタイトル通りなのですが、お客様は「いつ」と「なぜ」を常に望んでいるからです。

　問い合わせのアクションを起こしたお客様の気持ちを考えていくと、**まずは現場を見に来てほしい→いくらかかるか知りたい→予算内だった場合は、いつ工事してくれるのだろう**、というふうに気持ちは移り変わっていきます。

　私たちは、このお客様の気持ちの移り変わりを察して、**順に答えていく**必要があります。その際に、今後のスケジュールに関する明確な日程を提示できなければ、お客様は不安と不満を募らせてしまうのです。

　ですから、私たちは**自身の時間管理と工程管理をほぼ完璧にできていなければ、スムーズにお客様を誘導していくことができない**のです。

　お客様からの「いつになる?」の問いに、「現在3件の見積りを順番にしているので、1週間後です」とか、「現在着工中と着工予定の4件の現場が◯月◯日に終わるので◯月◯日に着工できる予定です」というように、**なぜそうなるのか、を加えて説明する**ことで、お客様は安心して待つことができるのです。

　くれぐれも、理由もいわずに適当な日程を伝えるということは避けてください。

【明確な日時を伝えよう】

「いつ」と「なぜ」を明確に伝えて、
お客様のストレスが
できるだけないように進めていきましょう

08

チラシには「即日対応」の記載を。
でも緊急以外は後日で大丈夫

　平野工務店のチラシには「即日対応」と記載しているのですが、緊急の場合以外は後日の対応にしています。「即日対応と書いてしまったから」と、**どんな問い合わせにでも、自分の予定を変更してまで対応していると、せっかくの時間管理がメチャクチャになります**。それに「この会社ヒマなのかな？」と不安がられないとも限らないですし。

　ではここで、後日対応にするメリットをお伝えしましょう。私はこの対応を**「ならし作業」**と呼んでいます。前項でお伝えしたように、お客様の気持ちは、問い合わせのアクションから順に移り変わっていきますから、早く現調に行けば、早く見積りがほしいとなります。ということは、現調に行くまでのタイムラグをわざとつくれば、それに合わせて見積りまでの時間も遅らせることができます。

　「それでも早く対応したほうがよいのでは？」と思う方もいるかもしれません。早く対応しても、早く見積りを出せなければ意味がないのです。それであれば、先に出すべき見積り（先客分）を終わらせておいて、次の対応にするほうがお客様の不安と不満を回避できるのです。後日、対応を伝える際に、「チラシの問い合わせが多くて順番に訪問させてもらっていますので、○日の○時はどうですか」といえば、お客様は待ってくれます。

　とにかく、こちら側がしっかりと時間を操作して、しっかり工事できる状況を常に用意しておくことが大切で、それが最終的にはお客様の満足にもつながるのです。

【時間調整とお客様の心理を考える】

5章

極狭エリア戦略は即効性あり！どんどん依頼が増えてくる

01

年6回のポスティングチラシが
地域でとんでもないことになる
～ブランディング効果～

「平野工務店式ブランディング法」という項目タイトルにしよう
かと思いましたが、堅苦しく感じられてしまいそうなので、あえ
て「ブランディング」という言葉はサブタイトルにしました。

ポスティング効果でもブランディングでも呼び方が違うだけ
で、すべきことは同じです。そう、見出しの通り「年に6回、地
域にポスティングチラシをする」というだけです。すると、続け
ているだけで、驚くほどブランド化されていくのです。

**地域でブランド化されていくことを、本書では「ブランディン
グ」と呼んでいますが、**せっかくなのでブランディングという言
葉は覚えておいてもらいたいのです。なぜなら、チラシという販
促活動とともに「ブランディングもしているのだ！」という意識
を持ちながら、チラシ作成を行なってもらいたいからです。

これは、かつて私自身がブランディングを意識できなかったこ
とを後悔しているからです。

**チラシを撒くことで、「家のことで困った時は平野工務店」と
認知され、地域でブランド化されていく作業が同時に行なわれて
いるのです。**ただ単にチラシを撒いて、問い合わせがきたかどう
かにとらわれてしまうと、安直な販促活動、安直な営業対応になっ
てしまう懸念があります。

そうではなく、地域で求められる仕事は「住まいのお医者さん」
のような、とても誇り高き存在であると自覚して、そのプライド
を保つためにもブランディング意識を持っておいてもらいたいの
です。

【チラシがお客様の認知度を高める！】

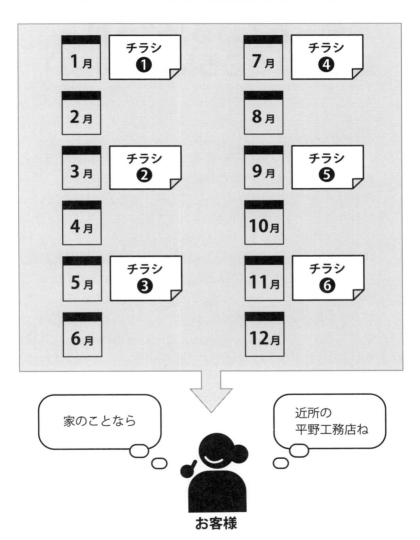

 年６回のチラシで自社のブランディングをしよう

02

"チラシが鳴る" かどうかの前に、知られているかどうか。知らないところには頼めない

　私のところにくる相談の中に、「チラシをしているのだけど、なかなか問い合わせがこない」と悩んでいる方がいます。そんな方に、まずは**「チラシをしているエリアで、あなたの会社のことが、どれくらい知られていると思いますか？」**と尋ねます。すると、答えは「……」です。

　少しわかりやすく説明すると、「あなたが、今、ラーメンが食べたいと思ったら、どこのラーメン屋さんに向かいますか？」という問いには、ほとんどの方が**「以前に行ったことがあるお店」**もしくは**「行ったことはないけど以前から知っていたお店」**と答えるのではないでしょうか。つまり、ここでお伝えしたいのは、そのラーメン屋さんが入りやすいかどうか、おいしいかどうかではなく、そのもうひとつ前の段階として**「存在自体を知っているかどうか」**が、まずは大切なのです。存在を知られていなければ、選んでもらう選択肢にも入れないのです。

　チラシが本当の意味で"鳴り"はじめるのは、まず地域内で確実に存在が知られ、なおかつ、よい評判がエリア内で聞こえはじめる頃からなのです。

　ここで、話を前項のブランディングと組み合わせると、**「どのようなお店として知ってもらうか」**が大切になり、今後の地域での在り方に影響してくるのです。補足ですが、「認知はされているつもりだが、チラシが鳴らない」という方は、どこかに大きな間違いがあるので、改めて考え直してみてくださいね。

【存在が知られているかどうかが前提になる】

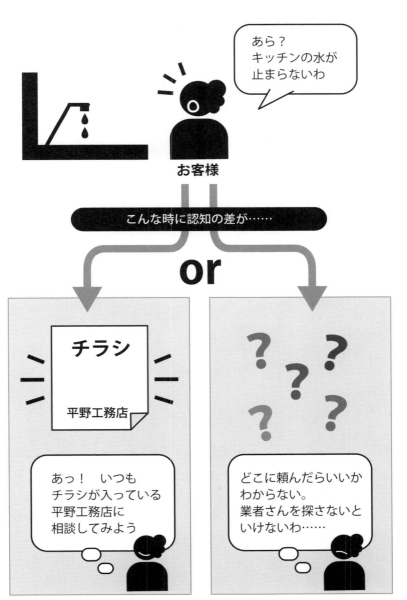

03

車も大事な広告塔！
センスよく目立つことが大事！

「広告塔として、使えるものは何でも使う！」のが得策ですが、一番手っ取り早く広告塔になってくれるのは、建築屋さんなら誰もが持っている「車」です。平野工務店には、現在2台の社用車があるのですが、どちらも**「前後左右どこから見ても平野工務店の車だ」**とわかるように、社名を表示しています。

　そう、ひとりでやりくりしている私にとっては、大事な広告塔になってくれているのです。よく軽トラックに○○工務店と、荷台の後ろにだけ書いてあったり、ドアの横だけに書いていたりしますが、私はその車を見ると疑問に思うのです。「誰に向けて、何のために書いているのだろう？」と。もし、宣伝の意味を込めて社名を入れているのであれば、「誰がどこから見ても、どこの会社の車かわかる！」というようにしなければ、意味がないのではないでしょうか。

　はっきりいってしまうと、平野工務店でも中野工務店でも平田工務店でも、もっというと、山下工務店でも藤本工務店でも、軽トラックの後ろに書いているだけなら、一般の人から見るときっと同じに見えています。

　そして、**家をよりよくする仕事をしているのですから「ハイセンスなイメージを持ってもらえる広告塔」**のほうがいいに決まっています。たった5,000世帯の中で走りまわっていれば、地域の方と連日すれ違ったり、ここあそこで見かけられるということになります。それが、この「前後左右広告カー」の効果抜群となる理由なのです！

【社用車を前後左右広告カーにしよう！】

車に社名とロゴマークをはっきりと出して、
地域の認知度アップ！

04

慣れてきたらどんどん
出たくなる！
看板設置も効果大！

　２ヶ月に１回のポスティング、とにかく目立つ社用車、この２つだけでも地域密着での効果は抜群なのですが、さらに認知度をスピードアップさせてくれるのが、**エリア内での顔出し看板広告**です！　そもそも顔写真入りチラシがエリア内で全戸に配られているのですから、**看板広告に顔写真が出る**ことだって、全然、もう怖くありませんね。

　その効果は抜群で、**顔写真入りチラシに載っている人を、今度は看板を通じて見かけるわけですから、名づけて"再会効果"**です。

　この"再会効果"は、逆にいうと、チラシとリンクしないと意味がないですから、顔写真入りで看板にしないのなら、前述した、トラックに社名を小さく入れているだけの状態と同じで、看板効果は半減するでしょう。私自身も、「看板を出すのなら私が出る！」ということを大前提で決めました。

　地域密着型の経営は、時間がかかってもいいのなら、いつかは成功するでしょう。それは、地域密着型は理にかなった商売の方法だからです。

　しかし、本書をお読みの皆さんに目指してもらいたいのは、やはりスピード成功です。チラシによる販促に加えて、広告カーや顔出し看板により、「よく車を見かけるので」「看板をいつも見ていたので」というお客様からの依頼も増えます。こういった平野工務店だらけの環境づくりが、スピード成功の後押しをしてくれるのです。

【顔出し看板の効果は絶大！】

道看板

駅看板

地元道路の交差点と最寄り駅の通路。
どちらも効果大！

05

近所の類似業者は
ライバルではなく味方だと
考えよう

　平野工務店のエリア内には、平野工務店よりももっと昔から地域に根づいている玉置工務店という70歳くらいのご主人がひとりで経営されている工務店があります。もちろん玉置さんも後発である私のことは知っていますし、すれ違えば挨拶し、地元の食堂で会えば話をする関係です。

　ここで何がいいたいのかというと、「ライバルだ！　ライバルだ！」と、**地域のお店をそんなに気にしなくても、特に売上に影響するような心配はない**ということです。

　平野工務店は2019年7月現在で、5,000世帯でのOB顧客数が500世帯となり、シェアが10%になりましたが、残り90%もの方は平野工務店以外の顧客です。この割合から考えても、他社がいても、売上に影響するようなことがない、ということはわかってもらえるのではないでしょうか。それどころか、私は同じエリア内の塗装屋さんの地域密着営業のバックアップをしているくらいです。「塗装屋さんがライバルにならないの？」と思う方もいるかもしれませんが、むしろ逆の現象が起こっていて、**塗装屋さん経由で仕事がくる**ようにもなりました。

　自社で仕事を独占しようなどと考えずに、地域の同業者、類似業者は仲間だと考えて、お互いにメリットがあるように協力するほうが断然よいのです。そして、自社の営業間口は広いほうがよいのです。ちなみに私の弟は、地域密着のパナソニックフランチャイズの電器店に後継ぎとして就職しています。そんな弟も、もちろん強力な仲間です。

【地域の仲間と組もう】

平野工務店だけだとひとつの営業窓口しかないが、
地域の類似業者と積極的に交流し、
仲間意識を持つようになれば窓口が増える

06

この業界の簡単な書類整理法を教えます

　皆さんは工事ファイルの整理をどのようにしているでしょうか。昔から「仕事ができる人は整理整頓ができている」といわれますが、仕事よりも整理整頓ばかりしていたら、それは本末転倒ですよね。私にとっての**整理整頓とは、とにかく仕事を効率化すること**なので、そのための「最低限の整理整頓」でよいと思っています。

　私たちの仕事は**地図や図面、仕様書というように、非常に書類の多い業種**です。そんな私たちがもっともなくすべきものは、「書類を探している時間」です。

　私は毎日、早く仕事を終わらせたいので、どんなことにも5分10分を削るための努力をしていますが、「あの図面、どこに置いたかな？」「あそこの現場地図、どこに置いたかな？」「あの見積りはどこにいったかな？」というようなことに時間を奪われていると、すぐに5分10分を失うことになります。

　では、どうすればいいのかというと、まず私たちの仕事を行動順にカテゴリ分けしましょう。①現調前・見積り中、②見積り提出済み・回答待ち、③着工中・アフター中、④完工済み、この4つに分かれます。なので、**最低限この4つを、しっかりとファイルを分けて整理するだけでいい**のです。

　机の横にクリアファイルをゴッソリ積まれている方は、ファイル探しをしている時間を今一度、振り返って考えてみてください。地域密着が成功しはじめて、問い合わせが増え、忙しくなればなるほど、その時間が痛手になってしまうのです。

【ファイルは仕事のカテゴリで分ける】

進行中の案件は
クリアファイルを
３つのケースに
仕分け

完工済みは
年順に
ファイリングすれば
あとで探しやすい

**書類の多い仕事だからこそ、
簡単にしっかりと整理整頓しましょう**

07

小さい個人工務店には過剰な サービスなんていらない

「CS」という言葉を聞いたことがありますか。カスタマーサティスファクションの略で、日本語でいうと「顧客満足」というのが一番シンプルな表現です。ホテルなどのサービス業の紹介番組などで耳にしたことがあるかもしれません。

もう少し説明すると、「お客様の本来の目的以上のサービスを加えることで他社と差別化を図り、自社の評価を上げる」というような意味が含まれています。

私たちの業種に当てはめて考えてみると、「毎日、工事後はお隣さんの家の前まで掃除します」「毎日、養生をやり替えします」などのサービスになるでしょうか。

私自身も、地域での営業をしはじめたころは、高級ホテルのリッツ・カールトンの本を読んだりして、「付加価値サービスでの差別化が必要だ！」と考えたりした時期もありました。

しかし、地域の皆さんからの受注が増えてくる中で、気づいたのです。それは何かというと、**お客様は、平野工務店に付加価値サービスや過剰なサービスなんて求めていない**ということです。実際に、私がお隣の家の前の掃除をしようとしたら、「そんな時間があるなら、早く次の現場に行ってあげて！」といわれたのです。つまり、**地域で望まれているのはとてもシンプルなことで、「しっかり工事してほしい」ただそれだけ**なのです。お隣の家の前といわずとも、ご本人の家の前でも「掃除はこちらでしておきますから」とわれるくらいなのですから。

【お客様に求められているサービスを考える】

リフォーム店・工務店が行なう CS の例

・工事中は近隣周辺も清掃します

・全工程を写真撮影し、ファイルにしてお渡しします

・完了 1 年目と 3 年目に、定期点検を無料で行ないます

・朝、昼、夕、必ず現場に寄ります

・毎日、養生をやり替えます

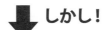 しかし！

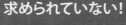

5,000 世帯地域密着リフォーム店には
このような過剰なサービスは
求められていない！

**望まれているのはシンプルなことで、
「しっかり工事をしてほしい！」
ということだけなのです！**

08

監督タイプ？ 作業者タイプ？
どちらでも関係ない

　セミナーにこられる方やチラシに取り組みたいと相談にこられる方から、「私自身は現場で作業をしないのですが大丈夫ですか？」とか「私は職人なのですが大丈夫ですか？」と、現場管理しかしない人、現場作業中心の人のどちらからも尋ねられます。私自身は完全な現場監督タイプなのですが、結論からいうと、**地域密着工務店経営の成功には、どちらでも関係ありません。**

　なぜなら、地域のお客様が望んでいることは、前述した通り「しっかり工事してほしい」ということだけです。つまり、私たちは**「しっかり工事できる方法」を選べばよい**ということです。

　私も初めて会うお客様から「作業をしないのですか？」と聞かれることもありますが、**「私がするより職人さんのほうが安心ですよ！」**とはっきり伝えます。だからといって、断られた経験はありません（「自分で作業する業者＝安い」ということに執着される方には、あまり近づかないようにしましょう）。

　逆に、実際に作業する職人さん系の方は、**「私がやりますから安心してください！」**とお客様に伝えれば、こんなに安心なことはないです。

　とにかく、自分がどんなかたちで関わっても、「しっかり工事する」ということだけが重要なのです。私は過去に、お客様に風邪気味のガラガラ声で電話をしたら、「あなたが来ても何もしないのだから、今日は現場に寄らなくていいですよ」と言われたこともあるくらいです。

【どちらのタイプでも大切なこと】

現場監督タイプ

職人（作業者）タイプ

お客様にとってはどちらでもよいのです。
求めているのはとにかく「しっかり仕事をしてほしい」
ということだけなのです

注意

現場監督タイプでも職人タイプでも、
中途半端な作業を無理にして、結局、
専門業者を呼ばないといけなくなる
ということは避けること

09

「お客様の都合に合わせます」
は絶対に禁句です

　地域密着がうまくいきはじめ、下請け体質から元請け体質に
なっていく中で、ついつい慣れずにミスしてしまうのが、一般の
お客様とのアポ取りミスです。

　**下請けと元請けの大きな違いであり、元請けの大きなメリット
となるのは、「時間の主導権と決定権は自分たちにある」**という
点です。

　チラシを撒いて問い合わせがくると、「いつ見に来てもらえま
すか？」と聞かれます。この時、「いつ見に来てくれるのか？」
と聞かれているのですから、こちらの都合で「では、○日の○時
に行きます」と答えればいいのに、つい「お客様の都合に合わせ
ます！」と答えてしまうことがあります。そう、**お客様に時間の
主導権と決定権を委ねてしまう"禁句"**をいってしまうのです。

　では、なぜそれが禁句なのでしょうか？　その理由の１つ目は、
時間の主導権と決定権を握るには初めが肝心だという点。２つ目
は、ヒマなお店と思われる可能性があるからです。

　では、どう答えればよいのかいうと、私がよく使ういい回しは、
「今、地域の方にチラシが入ったところで、問い合わせが重なっ
ており順番に対応しているので、○日になります」、または「今
週は現場が立て込んでいるので、来週の○日になります」です。
そうすると「お忙しそうですね」といいながらも、納得して待っ
てもらえます。"ヒマなお店"と"忙しいお店"があったら、普
通は"忙しいお店"のほうが安心して頼めますよね。

　しかし、緊急を要する案件の場合は、迅速対応をお忘れなく。

【時間についての返事に注意！】

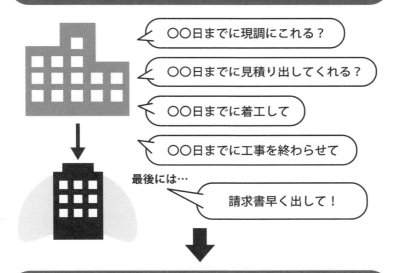

下請けをしていると、発注者からこういわれます

〇〇日までに現調にこれる？

〇〇日までに見積り出してくれる？

〇〇日までに着工して

〇〇日までに工事を終わらせて

最後には…

請求書早く出して！

でも、元請けになると！

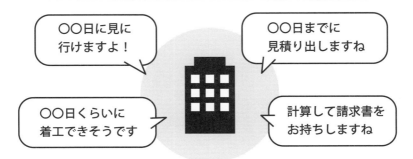

〇〇日に見に
行けますよ！

〇〇日までに
見積り出しますね

〇〇日くらいに
着工できそうです

計算して請求書を
お持ちしますね

**元請けは自分が時間の主導権と決定権を
持つことができるのです！**

6章

賢く儲けるコツ
教えます！

01

「デザインで勝負したい！」
その考えはもう時代遅れ

「当社はデザインで勝負したいのです！」。このような想いを持っている方の相談もよくあります。私も、そんなふうに思っていた時期もありました。おしゃれな建築仕事に携わっているなんて、単純にかっこいいですもんね。しかし、おしゃれな建築仕事に携わっているという自己満足以外に、仕事として請けるメリットはあるでしょうか。

私の経験では、極端に意匠にこだわった現場で"いい思い"をしたことはありません。 こだわりのために工期が遅れる、工期が遅れれば集金が遅れる、利益率も悪くなる、職人さんも変更ばかりで不満が溜まる。そう、デザインで勝負して食べていけるのは、デザイナーと設計士だけです。しかも、**「あなたにすべて任せます！」といわれるくらいにならなければ、稼ぐことはできない**でしょう。

また、なぜ「時代遅れ」と書いたかというと、**建材メーカーの既製品を使用しても、しゃれたものがつくれる時代**だからです。デザインやおしゃれというものが、すでに万人にとって身近なものになってしまいました。つまり、誰にでもつくれるものになったのです。ということは、デザイン力を自社の売りにすることは、並大抵のことではありません。

人のためのデザインにこだわるのではなく、しっかり自分が商売で儲けて、自分自身のコトやモノにこだわるほうが、幸福度は高いのではないでしょうか。商売で儲けておしゃれな家に住んでいる人のほうが、世間から見るとかっこいいのです。

【今は、既製品でもおしゃれな家がつくれる】

一昔前は、このようなおしゃれな部屋をつくるには、特注の造作が必要でした。しかし、今はすべて既製品で揃ってしまいます。
どこの会社にでもできるようなプランや提案では勝てない時代になったのです（10年後、20年後は主婦兼デザイナーのようなフリーランスが業界の主役になるのでは……）。

02

業界の挨拶「忙しい？」を疑ってみよう

　本書を読んでいるのは、建築業界の方が多いと思うのですが、挨拶代わりに「忙しい？」というフレーズをいわれることが多いと思いませんか？　私も昔はあまり深く考えずに、その瞬間がバタバタしていれば「忙しいですね！」と答えていました。しかし、地域密着によって下請けより元請けの比率のほうが多くなってきた頃から、この挨拶代わりの質問に素直に答えられなくなってきたのです。地域からの工事の依頼が増えることで、売上の底上げができていく中で私は、**「建築屋はひとりでどれだけの売上をプレイングマネージャーとして上げられるのだろう？」**という気持ちで当時、頑張っていました。自分が上げている売上にも自信と自負があっからだと思うのですが**「"忙しい"の基準とは何だろう？」**と思うようになったのです。

　自分自身が"本当の忙しさと限界を探している"のですから、そう思うのも当然かもしれません。今は、どんな方に、どんな時に「忙しい？」と聞かれても、「はい、忙しいです！」と答えます。「忙しそう」ではなく「忙しい！」という"自分なりの基準"を見つけたからです。

　皆さんも、これから**「忙しい？」と聞かれた時には、自分自身に問い、そして、それを聞いてきた方が「どのくらい忙しいのか？」**も、探ってみてください。本当に忙しい方と出会えたなら、いろいろと学べることがあるかもしれません。

【「忙しい」に基準はあるのか】

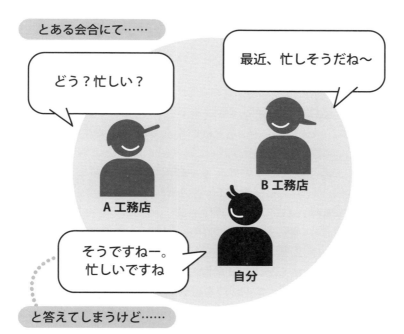

03

まずは自分の限界の仕事量 （売上）を知ることが大事です

　前項で、私は「プレイングマネージャー、つまり経営者兼現場監督として、どのくらいの売上が適正な管理の下で達成できるのか？」という課題を持って仕事に取り組んでいたと書きました。ここでは、あくまでも私の考える平野工務店を基準にした売上参考値をお伝えします。とある1ヶ月を例にしてみます。

　1週目：風呂入れ替え・工期1週間（100万円）、2週目：キッチン入れ替え・工期1週間（100万円）、3週目：和室を洋室に変更・工期1週間（100万円）、4週目：外構工事・工期1週間（100万円）。この工事を合計すると工期4週間で1ヶ月の売上400万円となります。さらに小工事の工期2日くらいの20万円前後の工事が、週に1.5件あると、1ヶ月120万円で、すべての合計が520万円となります。もちろん、現場管理をしながら翌月同じくらいの売上を上げるための現場調査や見積りや次の現場の工程組みをする訳です。そして、経営者ですから、経理をする必要があります。

　520万円×12ヶ月＝年間売上6,240万円。さて、皆さんは、この数字をどう感じられたでしょうか？　このくらいがプレイングマネージャーの方の売上参考値ではないでしょか。限界は人それぞれだと思いますので、あくまでも目標ではなく参考にしてください。ちなみに平野工務店は、リフォーム部門でプラス1,500万円くらいの売上があります。さらに、その他5つの事業を合わせると、平均年商は1億5,000万円くらいになります。

　毎日、子どもを午後6時15分にお迎えに行き、日曜祝日は休んでも、ひとりでこのくらいはできるのです！

【月間の仕事量を洗い出そう】

着工分（週5日稼働）	その他の必要業務
1週目（1日〜6日） 　　風呂入れ替え **100万円**	【工務】 現調、見積り、 集金、クレーム対応
2週目（8日〜13日） 　　キッチン入れ替え **100万円**	【準備】 来月の工事段取り、 チラシ作成
3週目（15日〜20日） 　　和室を洋室に変更 **100万円**	【経営】 原価計算、銀行業務、 会計業務
4週目（22日〜27日） 　　外構工事 **100万円**	【その他】 接待、家族サービス
5週目（29日〜31日） 　　雑工事等	
【プラス】 平均20万円前後の工事が6件	
合計 **520万円**	

04

個人工務店だからこそ
予算の考えを持つと儲かる

　1年（1期）がはじまる時、経費の予算を決めていますか？　しっかりと自分で管理している方もいれば、経理担当（奥様）にしっかり管理されている方もいるかもしれません。

　どちらにしても管理しているのなら問題ないのですが、**「売上が予測できないのに、予算の管理なんてできない」と思ってしまったら、大きな間違いです。**

　1年がはじまる時に確定できる数字こそが「年間の経費」、つまり**「年間予算」**なのですから、その数字が決まらないことには、売上の目標も立てようがないということになります。ぜひ、右ページの一覧表に自社の数字を入れてみて、経費の予算を確認してみてください。

　そして、1年の間に何度も、見直せる部分がないかどうか、確認してみてください。

　工務店やリフォーム店などの建築店は、何かと経費がかかる商売です。予算組みをして経費を見直すことで売上と利益率に関心を持ち、そして、利益を上げるための効率化にも考えをめぐらせることで"儲かるお店"になれるのです。

【経費一覧表の例】

事務所・車	
事務所・車庫・駐車場賃料	85,000
電気代	13,500
水道代	3,500
ガソリン代	15,000
ETC	5,000
車検・オイル交換等（月割換算）	12,500
小計	134,500

販促費	
広告代	41,000
パンフレット	3,000
名刺	1,000
挨拶用タオル等	5,000
小計	50,000

事務関係	
電話代・ネット	12,000
携帯代	15,000
サーバー代	5,000
複合機リース	25,000
カウント料	5,000
コピー用紙	5,000
小計	67,000

諸会費	
地元商店会費	4,000
小計	4,000

税金他	
税理士	50,000
税理士　決算（月割換算）	15,000
自動車税等	4,000
小計	69,000

給与他	
給与	350,000
厚生年金会社負担	30,000
接待交際費	45,000
小計	425,000

保険	
事務所火災保険（月割換算）	2,500
車保険（月割換算）	5,000
工事総合保険（月割換算）	12,000
労災	3,000
小計	22,500

その他	
事務所備品	5,000
慶弔費	3,000
その他雑費	5,000
お中元・お歳暮（月割換算）	2,000
小計	15,000

合計	787,000

05

下請けと元請けの
メリットとデメリット。
いいとこ取りが賢い

　本書では、地域密着経営で元請け化しましょう！　ということ
を中心に、考え方・実務を交えながらお伝えしています。しかし
ながら、「明日から、そうします！」とか、いきなり「下請けや
めます！」といっても、売上がなくなってしまったら、元も子も
ありません。私がいいたいことは、「**賢く元請け化を進めていき
ましょう！**」ということです。

　**地域密着によって元請け率が少しずつ高まってくると、当たり
前ですが、下請け先のお客様より自分のところのお客様のほうが
大切になってきます。**そうなると、少しずつ自分自身が下請け体
質から変わりはじめます。ということは、仕事をもらっていた取
引先への対応や態度も、少し変わりはじめてしまうでしょう。こ
こで "賢く振る舞うことができるかどうか" が重要になります。

　自社で売上をつくることができるようになれば、その分、下請
けとしての売上は不要になります。しかし、考え方によっては、
下請けの売上も現状維持しておけば、売上が増えるということに
なります。

　つまり、"仕事をもらわなければやっていけなかった環境" から、
"もらうかもらわないかを自分で選べる環境" になるのです。と
いうことは、「切られたら困る」という気持ちから、「切られても
別にいいや」という気持ちになるのですから、随分と気楽になり
ます。であれば、いい仕事だけをもらえるように、今まで以上に
賢く取引先とつき合うのも、ひとつの方法です。

　そう、地域密着の元請け率が高まるにつれ "仕事を選べる環境"
ができてくるのです。

【下請けと元請けの割合】

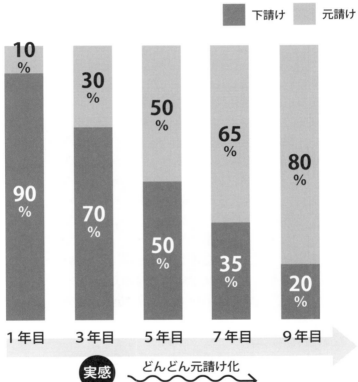

チラシスタート後の理想的な受注割合

■ 下請け　■ 元請け

	1年目	3年目	5年目	7年目	9年目
元請け	10%	30%	50%	65%	80%
下請け	90%	70%	50%	35%	20%

実感　どんどん元請け化

9〜10年後となると、だいぶ先のように思えるかもしれないが、3年目の元請け割合30%あたりから、地域密着経営のよさを実感できます。
そうなると、その先は流れに乗って進んでいくだけです！
見える景色も変わっていくでしょう。

06

工事を頼む人の気持ちを考えると売り方がわかる

「お客様の気持ちを知りましょう」といわれても、なかなか想像できないものです。いざチラシをつくろうとしても、「特価商品を載せれば、安いから売れるだろう」となってしまい、どちらかというと買ってもらいたい気持ちが優先したチラシになり、たとえ載せた商品が売れたとしても、「安い＝儲からない」という悪循環になる場合もあります。

結局、安い商品で問い合わせをしてくる方は、当たり前ですが「安い」ことだけに魅力を感じてしまう方なのです。そんな当たり前のことをまずは肝に銘じないといけません。

そして、結論からお伝えすると、工事を依頼したいお客様の望みは2つだけです。

① **大切な家をしっかりと工事してほしい**
② **安くも高くもなく、適正な価格で頼みたい**

つまり、安いほうがよいけれど、**「安かろう悪かろう」のリスクは取らない**のです。すなわち、安売りは一部の方に響いても、大半のお客様には響かないのです。

私たちには、**チラシにせよ、接客にせよ、売り方にせよ、すべてに"芯"があることが大切**なのです。その"芯"とは、「しっかりと工事ができる」ということです。そして、**「適正な価格である」**ということです。

この2つのことが望まれているということを知りながら商売すれば"売れる"のです。こちらがその想いで接しても、買わないという方には、長いおつき合いはできない方と判断して、こちらからさらに寄っていく必要はないのです。

【お客様の心理を知ろう！】

❶ 大事な家をしっかりと工事してほしい

安心・信頼・ブランド

❷ 適正な価格で頼みたい

ぼったくられたくない（騙されたくない）

この２つの心理条件に合致した
業者が選ばれます！

「OB顧客を制する者がリフォーム業を制す！」
つまり、少額工事、水漏れ、建具の調整を、
「素早く適正価格でしてくれた」という今までの実績の元に、
信頼と絆のあるOB顧客をたくさん持っている会社が他社
と戦わずに高額工事も受注できるわけです

07

現金は月商相当分が常時必要です

　本項はお金の話です。急に話が現実的でナイーブな内容になるので、本書に書くことに迷いもあったのですが、やはり大切なことなので書くことにしました。

　ここでお伝えしたいのは、とてもシンプルなことです。そう、タイトルの通りなのですが、**建築業者は、どんな時でも「月商相当分の現金」が必要**なのです。

　わかりやすく具体的な数字にすると、年商6,000万円のお店なら、月商は500万円となるので、どんな時でも500万円は手元に必要だということです。

　それがないということであれば、すぐに借り入れをしてでも、準備する必要があります。また月商相当分というのは、あくまでも最低限の金額ですので、それ以上あるほうが安心ですが。この認識を持たずに事業をしている方は、支払い時に毎回苦労しているのではないかと思います。また、事業者がお金のことで頭がいっぱいになり、いろいろなことに気がまわらなくなることは絶対に避けるべきことです。

　建築業というのは新築住宅や大規模リフォームとなると何百万円に留まらず何千万の工事請け負いということもあります。そのような工事の相談がせっかくきたのに、手持ちの資金不足という理由でお断りせざるを得なくなったり、工事の完了間際に、棚がついていない、照明器具を設置できていない等、ごくわずかな残工事すらできないということが起こる商売です。月商の1ヶ月分とはあくまでも最低資金であり、工事の受注に影響しない程度の資金は平時に準備しておく必要があるのです。

【手元に現金が必要な理由】

年間売上（年商）が **6,000** 万円だとすると、
月間売上（月商）**500** 万円分の現金が常時必要になる

とある年の5月〜8月の資金繰り

5月
5/31 支払い　**400** 万円
当月集金　**500** 万円

6月
6/30 支払い　**400** 万円
当月集金　**500** 万円

7月
7/31 支払い　**400** 万円
当月集金　**0**

工事遅れで当月未収 翌月集金

月商分（500万円）の集金が遅れても支払いは発生するため、常時月商分くらいは手元に現金が必要になる

8月
8/31 支払い　**400** 万円
当月集金　**1,000** 万円

内、500万円は前月の未収分

08

借入が必要な業種だから、金融機関の気持ちを理解しておつき合いしましょう

　ご承知の通り、建築業というのは1件の取り扱い金額が大きい商売です。ですから、取引先の支払いのスパンや工期延長による集金遅れなどによって、**高額の立て替えが急遽発生したりします。**もちろん、自己資金が豊富にあれば問題ないのですが、ほとんどの事業者は運転資金の借入を行なって経営していると思います。

　しかしながら、昔から「借金＝悪」のような風潮があるのも事実です。私のまわりの経営者にも、事業に関する話をしていると、そのように考えている方がおられます。もちろん、むやみやたらに借入することは決してよいことではありませんが。

　さて、読者の皆さんには、今後いざ借入を行なうことになった際には、準備してもらいたいものがあります。それは「**事業内容報告書**」です。

　平野工務店では右ページのような「事業内容報告書」を取引銀行の担当者や支店長に、適時渡すようにしています。先輩経営者から教わって作成するようになったのですが、取引銀行からは大変喜んでもらっています。

　担当者や支店長が代わった時に、この書類を渡すことによって、事業内容をすぐに理解してもらえます。金融機関としても、どこでどのように売上を立てているのかわからないお店よりも、明確に自社のことを報告できるお店にお金を貸したくなるのは当然ですよね。

【事業内容報告書の例】

有限会社平野工務店　事業内容報告書

令和○年○月○日

○○銀行　殿

1. 創業及び設立月日
   創業　昭和○○年○月○日　平野工務店
   設立　平成○○年○月○日　有限会社平野工務店

2. 役員
   代表取締役　平野佑允
   取締役　○○○○

3. 許認可
   建設工事業　○○県知事許可（般―○○）第○○号

4. 沿革
   ・昭和○○年○月に神戸市垂水区にて平野工務店を取締役○○○○が創業。
   地域建設会社・不動産業者より建築工事受注を得る。
   ・平成○○年○月に神戸市垂水区にて有限会社平野工務店、現代表取締役平野
   佑允、設立。
   法人設立を機に、地域建設会社・不動産業者からの受注は減らさず、地元一
   般顧客から直接リフォーム工事の受注を可能にする社内システム確立と販促
   活動に取り組む。その成果として現在は地元一般顧客からの売上も年々増加
   している。

5. 今後の事業展開
   代表取締役平野佑允を筆頭に、地元神戸市垂水区にて、チラシ・ホームページ・
   SNS 等を積極的に活用し事務所を中心とした地元 5,000 戸（一軒家）のシェ
   ア 10％である「500 世帯顧客化」を目標に今後も販促活動を積み重ね、浅く
   広くではなく、深く狭く地元に根付いた経営を進めていきます。
   現在の下請け事業部分も高利益率での受注を考慮しながら慎重な姿勢で継続し
   ていきます。
   社内の体制については、職人と現場管理を兼任できる人材育成を強化しており、
   売上が今後増加しても人件費は増加させずに事業展開を行なっていける計画です。

6. 所属クラブ等
   一般社団法人 5,000 世帯からはじめるリフォーム経営塾

上記クラブ所属により同業種及び異業種の方々と連携し業績 UP を今後も目指します。

有限会社平野工務店
代表取締役平野佑允

7章

儲ける前に
知っておきたい
「お金」と「時間」の
思考法

01

お金と時間、あなたは どちらを優先するタイプ？

　読書の皆さんは、今、自分が「お金」と「時間」のどちらを優先しているか、考えたことがあるでしょうか。大金持ちならば、こんなことをわざわざ考えないかもしれません、というより、お金と時間の選択を常に迷わずできるのかもしれません。

　大金持ちの方のことはさておき、一般的には限られたお金と限られた時間の中で、日々やりくりしているわけです。どちらかというと、お金の節約に関するほうを優先している方が多いように思います。お金が減るというのはわかりやすいですが、時間が減るというのは実感としてわかりにくいからでしょうか。

　それでは、タイトルの質問に話を戻しますが、私が優先すべきだと考えるのは、実は「お金」でも「時間」でも、どちらでもかまわないのです。「何だ、その答え……？」と思われたかもしれないですね。ここで、お伝えしたかったのは、**「お金」と「時間」のどちらを優先するかに"迷い"があることが一番問題**だということです。

　つまり、タイトルの質問を読んで、「お金！」または「時間！」といい切れることが正解で、本文の中に答えを探した方は、改めて、自分自身がどちらを優先すべきなのかを考えてみてください。自社がやるべきこと、取り組む方向が、明確にわかっている方は、この問いに迷いなく答えられるでしょう。

【「お金」と「時間」、迷わず選べますか？】

02

時間ほど平等なものはない。その原理を使わなきゃ損！

　前項の質問からの流れで、お金と答えた方も、時間と答えた方も、どちらか決められなかった方も、本項では、まず時間について考えたいと思います。

　お金と時間を比べた時、万人に同じように与えられているのは時間です。そう、1日24時間というのは、お金持ちでも庶民でも同じなのです。どうして今さら時間のことをいうかというと、建築業者は、**"売上"と"費やす時間"が比例する**からです。わかりやすくいうと、800万円の工事の工期は、ざっくり4〜6週間はかかりますよね？　また、200万円の工事だと1〜2週間くらいですよね？　このように、売上が大きくなれば、工期も長くなる商売なのです。ということは、時間をやりくりするスキルを上げていくことができれば、仕事をこなす時間が増え、売上をさらに上げられる余裕がつくれるのです。

　ちなみに、私は自称「**時間ケチ**」です。でも、まわりからは"ケチな人"とは思われていないでしょう。なぜなら、時間にはケチでも、お金に関しては結構気前よく奢り、値切らずに支払うようにしているからです。**私が気前よく奢ったり、値切らずに支払う理由は、そうしていると"時間"というカタチで、お返ししてもらえることが多い**からです。

　そうすることで、私は本当に自分がしなければならないことだけに集中でき、まわりの方が「平野さんは忙しいのだから、できる限り協力しますよ」といってくれる環境を手に入れることができるのです。1日は24時間以上には増えませんが、時間ケチになればなるほど、24時間の中で"できること"は増えるのです！

【ケチは損する】

支払いをきっちりすると……

皆さん、きっちり仕事を
してくださってありがとう
ございます。今月も値切ら
ず支払います！

平野工務店

ありがとう!
平野さんに
「助けて」と
いわれたら、
断れないなあ

協力業者さん

支払いを値切ると……

みんな！　３％ずつ
引かせてもらうで！

ケチな社長

これで５万円
儲かったわ

ケチ!
何があっても
手伝わんし、
二の次や!

協力業者さん

03

時間の決まっていない仕事には
時間を決めることが大事

「時間ケチ」になるメリットをお伝えしましたが、ここでは時間管理のテクニックをお伝えしたいと思います。「用事」と「予定」という同じような意味の言葉がありますが、このふたつには少し違いがあると思っています。**「用事」**という言葉には、あまり時間的拘束がありません。つまり「時間は決まってないけど、しなければならないこと」といったような感じでしょうか。一方、**「予定」**というのは、何月何日の何時に○○をする、というように**「まず先に時間的拘束があるもの」**ではないでしょうか。

そこで、私たちの仕事はというと、**用事と予定がまさに混在しています。そして、実務では予定ばかりを優先し、用事のほう（たとえば工程表の準備、近隣の工事挨拶など）をおろそかにしてしまうことで、取り返しのつかない時間的ミスにつながる**のです。つまり、「間に合わなかった……」ということに。

では、どうすればよいのでしょうか。ずばり「用事を予定に変えればよい」のです。そう、**用事にも「いつする」という時間を決めることが大切**なのです。この作業を事前にせずに、1日がはじまる朝、あれもこれもしなければという焦りばかりでスタートしてしまい、結局、何も終わらないまま1日がすぎてしまうのです。

私は**前日の夕方30分間、明日以降にすべきことである用事に、時間をつける作業**をしています。この作業を年間を通して行なっている人と、1日を行き当たりばったりで過ごしている人では、当たり前ですが、全然違う結果になるのです。

【仕事の順番を考える】

私の好きなドラッカー（経営学者）の名言

> **成果を上げる者は、**
> **仕事からスタートしない。**
> **時間からスタートする**

今日の仕事　見積り A、見積り B、工程表作成①、工程表作成②、
（用事）　　その他雑用（地図、図面、材料、手配等）①〜⑤

BAD 仕事からスタート	GOOD 時間からスタート
9：00	9：00
	↓ 工程表作成①
	9：45
工程表作成①	見積り A
	10：30
見積り A	↓ その他雑用①〜③
	11：15
その他雑用①〜③	見積り B
	12：00
見積り B	↓ 休憩
	13：00
工程表作成②	↓ 工程表作成②
	14：00
その他雑用④、⑤	↓ その他雑用④、⑤
	15：00
終わり次第	予備時間
	15：30
とりあえず取り掛かり、終了時間は終わった時（つまり不明）	取り掛かる前にスケジューリング。15：00 には終わると予測

135

04

予定はパズルのように
「はめ込んで」楽しむ

「時間ケチ」になることを意識しながら、用事にも時間をつけ、行動ができるようになると、時間に追われるということが少なくなります。また、「自分で時間を管理している」ということが自覚できるようになります。

そうなってくると、時間をやりくりすることがどんどん楽しくなります。楽しくなってきたら、タイトルのように**「パズル感覚で予定をはめ込む」**という意識で、取り組んでみてください。

私は、**15分をひとつのキータイム**にして考えます。これは、人それぞれ違うかもしれませんが、自分にピッタリ合うキータイムがあると思います。私にとっての15分の使い方は、**仕事Ⓐ＝5分×3つ、仕事Ⓑ＝10分＋5分、仕事Ⓒ＝30分（15分×2）**というように、1日の時間管理を15分のキータイムを中心に組み立てるのです。

具体的に説明すると、朝の立会いが早く終わり、次の予定までに30分間時間ができたら、Ⓒに取り組む。そして「現場から、そろそろ終わります！」と連絡があって来たけど、「あと15分くらいかかります」といわれたら、ⒶかⒷを、その待っている間に終わらせるのです。

このように、予定と予定の合間の時間に、パズルのようにはめ込んで仕事を終わらせていくのです。前項でお伝えした、用事も時間を決めて行動することと、このパズル感覚で仕事を終わらせていくことができるようになれば、あなたは立派な「時間ケチマイスター」です！

【パズル感覚の仕事の組み立て】

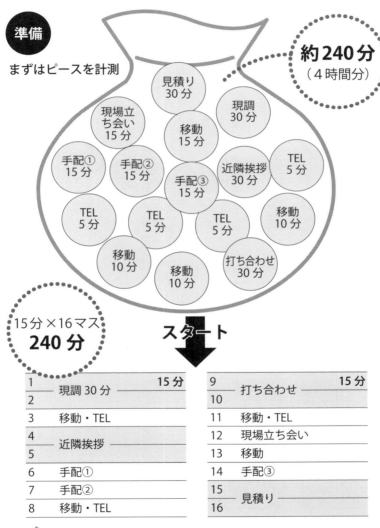

準備

まずはピースを計測

約240分
（4時間分）

見積り
30分

現調
30分

現場立
ち会い
15分

移動
15分

近隣挨拶
30分

TEL
5分

手配①
15分

手配②
15分

手配③
15分

TEL
5分

TEL
5分

TEL
5分

移動
10分

移動
10分

移動
10分

打ち合わせ
30分

15分×16マス
240分

スタート

		15分			15分
1	現調 30分		9	打ち合わせ	
2			10		
3	移動・TEL		11	移動・TEL	
4	近隣挨拶		12	現場立ち会い	
5			13	移動	
6	手配①		14	手配③	
7	手配②		15	見積り	
8	移動・TEL		16		

**袋の仕事ピースを15分ごとに仕切られた240分
パズルケースに、いかに効率よく入れていけるか**

05

ひまをつくれるようになれば、ひまが怖くなくなる

　ひまを自主的につくれるようになると、突然襲ってくる "ひま" が怖くなくなります。自分でひまをコントロールしているので、突然の「何かウチのお店ひまじゃない?」ということがなくなります。もちろん、しっかりと売上をつくる営業をしながらです。「ひま」という言葉の意味を調べると、「動作や状態の絶え間。時間的な切れ目。するべきことがないさま」と出てきますが、時間管理ができていない時は、まさに「バタバタしている間に次の現場の準備をしていなかった……」とか、「忙しくてチラシや営業活動をおろそかにしていた」ということになるので、突然 "ひま" になるのです。

　そう、**時間管理できていなければ、忙しさもひまも、急に訪れる**のです。バタバタしているうちに、「あれ?　何も予定がないぞ」というように。そして、家族とのお出かけや子どもの行事の時に限って仕事が入ってきたりするのです。しかし、時間管理ができるようになると、ひまをコントロールできるようになります。つまり、**休みたければひまをつくればよい**というようになるのです。ですから、私にとってひまは怖いものでもなんでもないし、突然やってくるものでもないのです。

　ちなみに、私は子どもの行事には100%といっていいほど参加しています。この原稿を書いている現在は、10〜15時まで仕事を入れない段取りをして、家で執筆しています。

　時間管理ができるようになれば、無駄なものが見えはじめるので、無駄なものをそぎ落としはじめます。すると、大切なものだけに囲まれた環境になるのです。

【ひまをコントロールする】

急にひまになる人の
頭の中

A邸　現場段取り
B邸　見積り
C邸　工程組み
D邸　請求書
E邸　現場確認
その他もろもろ

ひまをコントロールして
いる人の頭の中

今日
A邸　現場段取り
B邸　見積り

明日
C邸　工程組み
5日以内
D邸　請求書
1週間後
その他もろもろ
毎日
E邸　現場確認

すべてが
ミックスされた
まま

●今日、明日やるべきこと
●5日以内でもいいこと
●1週間後でもいいこと

仕分けが
できている

毎日頭の中は

「あれもしなければ、これもしなければ」

頭の中が整理できていないので

新しく入ってくる仕事の依頼

時間の定めのない
適当な返答や約束

そのツケが

ひまという結果で返ってくる

「今日すべきことだけに集中」

頭の中が整理できているので

空いた時間を把握できる

新しく入ってくる仕事の依頼

忙しくなりすぎないように
調整しながら返答や約束

ひまを自主的につくることが可能

06

どうすればお金が集まるのかを
考えてみませんか

　これまで、時間の話をしてきましたが、ここからはお金について少し考えていきたいと思います。では、単刀直入に「お金」とは、何だと思いますか？

　ホリエモンこと堀江貴文さんが、「お金とは信用を数値化したもの」といっていました。信用があればあるほど、お金を集めることができる、たしかにその通りです。それを聞いて、私も自分の商売に置き換えてみたのですが、何となくは理解できても、いまいちしっくりきませんでした。

　そして、考えをめぐらせているうちに私がピンときた言葉は**「価値」**でした。価値のあるお店にはお金が入ってくる。私がここでいう価値とは、**「地域での存在価値」「工事をしっかりできるという価値」「優秀な協力業者が揃っているという価値」**。もしかすると**「私自身の現場監督しての価値」**。そんな様々な価値があるから、価値の対価として「お金（現金）」をいただける。

　さらに、**地域密着の歴史が長くなればなるほど、価値はブランドとなり、「初めて依頼する他のお店より、あなたのお店のほうが安心だから」**という理由で、**依頼がくるようになる**わけです。

　ブランド品はノーブランドより普通は高いことが多いですよね。つまり、お店としての価値が上がり、地域でブランド化することにより“適正価格も上がり、利益率も増す”という好循環が生まれるのです。もちろん、あそこは高いといわれないような「常識の範囲内であること」はいうまでもないですが。

【ブランディングと価格】

価値をつくることを「**ブランディング**」ともいう

価値が集まり、
ブランド化されると、
価格競争がなくなる

オールレザー日本製のバッグ

5万円

ルイ・ヴィトンのレザーバッグ

30万円

どちらもいい商品ではあるけれど……

同じような品質でも、
ブランド力があれば、
高くても売れる

地域ブランディングに成功すると、高いか安いかではなく、

「○○工務店に頼めば『**安心**』」

という理由で受注が入ってくる

07

儲けたお金は 3つのルールで守る

　儲けたお金は自分自身で守るしかありません。ここでは、私が大切にしているお金に対する3つのルールを紹介します。

①公私混同しないように仕切りの多い財布で、個人のお金と会社のお金を分ける

　いくら個人商店といっても、お金の公私混同はいけません。私の場合は、あらかじめ予算にしている経費の金額を月初に出金し、そのお金を1ヶ月分として使用します。なくなるたびに出金していたら、いくら使ったかわからなくなるからです。もちろん、余れば次月に繰り越します。

②公私にわたり使用しなくなると思う安物は絶対に買わない

　安くても使うかどうかわからないものは買わないようにしています。また、同種の商品で値段に差があったら、高くても長持ちしそうだと判断すれば高いほうを買い、大切に使用します。長い目で見ると、そのほうが得をすることが多いからです。自分の商売も「安かろう悪かろう」を目指していない、ということにもつながるかもしれません。

③取引先は値切らない

　一見、お金を守ることとは逆のように思われるかもしれませんが、小さな規模の会社は、基本的には取引先を値切ってはいけないと思っています。**しっかり工事してもらい、しっかりお支払いする。**ひとつだけお願いするとするなら、現場で困った事態になった時は、できるだけ協力してもらう。値切っていたら協力してもらえる環境はつくれないですよね。協力は人の気持ちで成り立つものだからです。

【私がお金で守っていること】

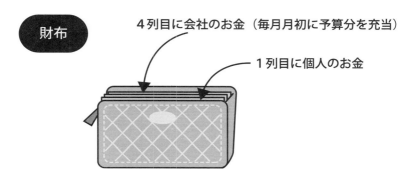

財布

4列目に会社のお金（毎月月初に予算分を充当）

1列目に個人のお金

- -

2万円のスーツ

体型が変わると、
2年で処分することに……

10万円のスーツ

体型が変わっても、
補正しながら10年着られる

**高価なものを大切に使用するほうが、
結果的に得することが多い。
私たちの商売も「安かろう悪かろう」ではダメ**

08

「計画売上」：売上は計画的につくることができるのです

　「計画売上」。この言葉がこの世に存在するかどうかはわかりませんが、私が一番しっくりくる言葉です。意味はそのままで、「計画できる売上」のことです。

　ビジネスの方法には、フロービジネスとストックビジネスがあります。フロービジネスのフローとは流れという意味で、そのつどの取引で収入を得るスタイルです。一方、ストックビジネスのストックとは「蓄える」という意味で、顧客と契約を結んだり、会員を確保することで、継続的に売上を得るビジネスです。

　では、私たちの商売はというと？　答えは「どちらにもなれる」のです。下請けはフロービジネスです。急に取引がなくなることは少ないですが、取引先の市場動向で、売上が変動します。しかし、地域密着でOB顧客を中心に売上をあげるのは、ストックビジネスに近くなります。

　なぜでしょうか。それは、まずひとつの大きな要因として**「家は毎年、古くなる」**ということがあります。**古くなるということは、必ず維持管理のために修繕が必要になります。**その維持管理をするのが、OB顧客を持つお店になるからです。

　1年スパンで考えた時、150世帯のOB顧客を持つ会社は、150世帯の修繕工事に携わる可能性があるわけです。そうなると150世帯分の修繕売上は、ある程度予測できます。では、翌年も同じ顧客数だとしたら、また同じ売上を予測できますよね。当たり前ですがゼロにはなりません。このように、OB顧客を中心にした経営をすると、毎年ある程度の売上を計画できるようになり、ストックビジネスに近づくのです。

【フロービジネスとストックビジネス】

フロービジネス　　飲食店、小売店

常に新規の受注によって売上を確保するビジネス方法

ストックビジネス　　月額定額制、会員制など

受注に連続性があり、売上が安定しやすいビジネス方法

本来、リフォーム業はフロービジネス。
しかし、OB顧客が増えると、ストックビジネスに変化！

なぜなら

お客様が探しているのは、**「安心して頼める工務店」**だから

工事の大小に関係なく、しっかり工事をして「安心」を伝えることができれば、長期にわたって必要となる家の修繕は、安心できるひとつのお店に継続的に依頼する。

近くで安心して
頼めるお店に
出会えてよかった！

これからは家の
困りごとに不安は
なくなったわ！

お客様

このようなお客様がたくさん増えると、
ストックビジネスになる！
家を維持していくには、必ず修繕が必要なのです

09

「時制利益」：時間を制すれば 利益は上がります

　世の中に "あるなし言葉" の第二弾は、**「時制利益」** です。こちらも、私自身がしっくりくるので、この世にあるかないかは別にして使っている言葉です。

　さて「時制利益」の意味はというと、**「時間を制することで利益を得る」** ということです。結論からいいますと、前項の「計画売上」と、本項の「時制利益」の「2つの軸がバランスよく噛み合って」安定的に利益を生み出せるようになるのです。

　そのためには、前述の通りで、「時間ケチ」になることが大切です。時間ケチになるという意識を持って行動しはじめた時点で、時間とのつき合い方は変わりはじめます。

　何度も書きますが、この商売は**「いかに時間をコントロールして売上をあげられるか」** によって利益が変わります。地域密着経営になると、**必然的に現場が近くなるわけですから、複数の現場の同時着工と同時管理が可能になります**。つまり、今まで1日の売上は1現場でしかあげられなかったのが、複数の現場で売上をあげることができるようになるのです。

　そう、近いという物理的メリットと自身の時間管理という行動メリットの融合で、1日の売上と利益が増えるのです。あとは、OB顧客からの依頼を、無駄なく無理なく同時に工事してあげることができれば、お客様も私たちも、早期に完工してお互いにハッピーになれるのです。

【さあ、実行しましょう！】

販促活動の実行

①エリアを決める
②販促費の年間予算を立てる
③予算に基づいてチラシ配布の
　年間スケジュールを作成
④年間スケジュール通り
　（多忙を問わず）反響率の高い
　チラシをポスティング
⑤しっかり工事し、OB獲得！
　OB顧客が増加、受注も増加
　する

①～⑤を繰り返すと、
「計画売上」になる！

時制活動の実行

①工事管理表（83ページ）の作
　成時間管理と業務整理が可能
　に
②地域密着による移動時間短縮
　で重複施工が可能となり、1
　日の利益が増加

①～②を繰り返すと、
「時制利益」になる！

2つの軸で稼働して初めて

売上 と **時間** と **利益**

が得られる

これが「忙しさ」からの解放！

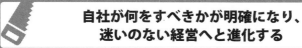

**自社が何をすべきかが明確になり、
迷いのない経営へと進化する**

8章

難しく考えずに、
自分らしく
働くだけ

01

意外と知らない自分のこと・自社のこと

　人は意外と、自分のことは自分自身では知らないし、わからないものです。ここでは、自分のことと自社のことを、少し考えてもらいたいと思います。

　まず1つ目は自分のことについてですが、ひとつの物事を極めたいタイプか、様々なものに興味があり、いろいろと試したいタイプのどちらでしょうか？　ちなみに私は後者なので、失敗を重ねながらも、現在はひとりで5つの事業部を切り盛りしています。私が前者のタイプだったら、リフォームだけでどれだけの売上をあげることができるかに集中して取り組んでいたでしょう。どちらが正しいということではありません。**固定観念に縛られず、自分に合ったスタイルで稼いでもらいたい**のです。

　では次に、**あなたは自分のお店のことをわかっていますか？**こちらのほうが意外とわからないかもしれません。こちらは答えがひとつです。そう！**「あなたが思っている以上に御社は小さい会社だ！」**ということです。あなたはどう思ったでしょう？　なぜ、あえてこんな失礼な答えをいったかというと、それは、愛社心があるばかりに見栄っ張りになっている方が結構多いからです。私が気づいてほしいのは、「小さい会社でラッキーだ！」ということです。小さい会社だと自覚すれば“必要なこと”と“無駄なこと”が見えてくるのに、大きい会社の真似をするから、大切なことが見えなくなるのです。改めて小さい会社だと自覚し“必要なこと”と“無駄なこと”を1つずつ取捨していけば、必ずあなたの会社のシンプルで儲かるスタイルが見つかるはずなのです。

【小さい会社に求められていること】

	大きい会社	小さい会社
契約やルール、保証、コンプライアンス、CS（カスタマーサティスファクション）	社内的にも社外的にも必要	不要という訳ではないが、求められているケースは少ない

地元密着の小さい会社が求められていることは、
至ってシンプルなことで、
「しっかり工事すること」 だけ

カタチ

契約やルール、保証、コンプライアンス、CS

よりも

キモチ

「これからおうちのことは任せてください！」
という気持ち

**カタチや形式や大手の真似から卒業しましょう！
求められていないことに使う時間ほど無駄なものは
ありません！　儲ける時間に使いましょう！**

02
売らなくても売れることを 知れば商売がわかる

「売りたい」と願い、「買ってください」と頼むだけでものが売れたらラクです。しかし、世の中そんなに甘くないので、どうやったら売れるのか悩みます。商品チラシに「お風呂○○万円」「キッチン○○万円」と載せて、見積り依頼を狙ってチラシを撒くだけでは、誰にでもできる方法なのでライバルも多く、相見積りで他社と価格競争をすることになります。

　私が本書ではっきりと売り方について書けるのは、**売らなくても売れることを体感してきたから**です。簡単に説明すると、**OB顧客がキッチンを替えたくなったら、「キッチン交換の相談に来て」と頼まれます**。もちろん、お風呂も洗面台もトイレも同様で、このような流れで売れます。皆さんはきっと「OB顧客だから当たり前じゃないか」と思いましたよね。ということは、答えをわかっているということです。早くOB顧客をたくさんつくればいいのです。

　では、大きな工事をする方がOB顧客ですか？　いいえ、私にとっては3,000円のパッキン交換をさせていただいたお客様も立派なOB顧客です。すべきことは、キッチンを売ることではなく、「地域にある平野工務店はキッチンを交換できますよ」「お風呂の工事もできますよ」と知ってもらうだけでよいのです。それをシンプルに伝えることができれば、初めてのお客様でも勝手に相談はくるのです。お客様の気持ちは「安心できるお店で、なおかつ適正価格で頼みたい」という２つだけなのですから。しかし残念なことに、過去に商品チラシで売ったことがあるという経験が、この本質をわからなくさせてしまうのです。

【頼みたいお店になる】

03

結局、"自分力"での
勝負が強い！
素直であれ、紳士であれ！

そろそろ、本書の残りページも少なくなってきました。

そこで改めて、読者の皆さんに考えていただきたいことがあります。チラシのやり方、営業のやり方、時間のこと、お金のことなど、様々なことを書いてきましたが、何よりも皆さんが持っている**一番の武器は、今まで培ってきた、あなたの「自分力」だ**ということです。

そして、この「自分力」で勝負するのが一番ラクで強いのです。それはそうですよね、そのままのあなたでよいのですから。お客様にすすめたいと思うものを心からすすめ、あまりおすすめできないと思うものは「おすすめできません」とアドバイスしてあげる。そう、**自分の想いに"素直"に営業して対応すればよいだけ**なのです。この姿勢ほど、信用信頼につながるものはありません。

そしてもうひとつ。振る舞いが"紳士"であれば、鬼に金棒です。**リフォーム依頼の窓口は奥様であることが多い**ですよね。女性は特にそういったところ、つまり気持ちや態度に敏感ですから、**「なんとなく嫌な感じ」という理由でも受注に結びつきません。**

工事以外のことや、工事以前のことで受注に至らないのは残念です。まずは"素直な紳士"であることに努めてください。

【受注に結びつくポイント】

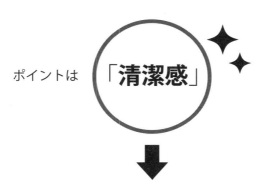

ポイントは　「**清潔感**」

↓

リフォームのお客様は "**奥様**" が中心。
快く家に入らせてもらえるかが大切！

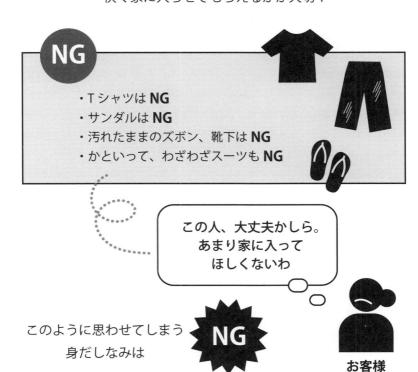

NG

・Tシャツは **NG**
・サンダルは **NG**
・汚れたままのズボン、靴下は **NG**
・かといって、わざわざスーツも **NG**

この人、大丈夫かしら。
あまり家に入って
ほしくないわ

このように思わせてしまう　**NG**
身だしなみは

お客様

04

やっぱり身だしなみは大切です

　前項の「紳士であれ！」の続編のようになりますが、「身だしなみ」はやはり大切です。私たちの仕事は、お客様の家に入る仕事です。もうこれでわかっていただけましたよね。**「汚い格好の人を、家に入れたくない」**と思うのは当然です。

　かといって、スーツを着ましょうとか、着飾りましょうというのは、違う意味の失敗につながるので誤解のないようにしてください。

　ちなみに、私の場合は平野工務店のロゴ入りの襟のあるシャツを着ています。**襟があるということが、私なりに最低限の礼儀だと考えている**からです。ズボンは特にこだわりなく、夏も冬も快適なものを選んでいます。それと、仕事の時は、**毎日の服選びに時間を取られたくないので、決まったものを着るようにしています**。つまり、「ロゴ入りユニフォームシャツ」が私にはラクなのです。

　こうした服装の効果ですが、「メラビアンの法則」をご存じでしょうか。話し手が聞き手に与える影響について数値化したものですが、相手に与える印象の55％は「見た目」で決まるという結果が出ています。ですから私たちも、第一印象アップの努力をサボって、受注を逃すことのないようにしましょう。

【「見た目」を決めて、イメージアップ】

お客様に
不快に思われず、
かつ自分が選ぶ時間も
かからない
ユニフォームは
最適のアイテム！

仕事の時は服選びに時間をかけない！

本当は
服好きです

05

今どき、ひとつの業種に こだわらなくてもいいのです

　私は「いろいろなことに取り組むタイプ」とお伝えしましたが、そんなタイプの人間を、**現代のIT社会が後押ししてくれている**ように思います。それは、**ITによって業務が格段に効率化されたこと、情報がすぐに手に入ること、また手軽に全世界に発信できるようになった**からです。

　今まで、いろいろなことに挑戦したくても、なかなかできなかった環境が、やりたければすぐにできる環境に変わりました。

　私が、地域密着経営を全国に広める活動をやりはじめた時、まず取り組んだことは動画を撮影し、YouTubeにアップすることからでした。そんなスタートを切ったことで、今はこうして全国でセミナーをしたり、本書を執筆したりしているのです。

　今の時代は、**やろうと思い、一歩を踏み出せば、そこにはたくさんの可能性と出会いがあり、何より昔では考えられないスピードで駆け上がっていける世界が広がっている**のです。

　この時代、臆病になって、気持ちを沈ませていることほど、もったいないことはないのです。あんなことがしてみたい、こんなことがしてみたい、そんな想いがあるのであれば、今の仕事だけにこだわらず、どんどんチャレンジしてみてください。

【次は人に伝える側になる】

YouTube からはじめて、全国でのセミナーに発展した
「小さなリフォーム店・工務店のための経営」講座

06

1日も1年も10年も、
結局は「段取り」なのです
～チラシ継続5ヶ年計画の作成～

　読者の皆さんは、経営計画書をつくっていますか。私は毎年、期初に5ヶ年の経営計画書をつくります。計画のない事業運営は、海図のない航海と同じです。どういう目標を持って1年を過ごすのか、また、5年後にはどのようになっていたいのか、やはり、その指標となるものが必要です。

　「そんなことはわかっているけど……」と思った皆さんに、もっとピンとくる表現をすると、**「5年後のために仕事の段取りをしておきましょう！」**ということです。

　ここで提案したいのは、**チラシを5年間やり続けた場合の計画書**です。本書を参考にして、地域密着経営に取り組みはじめ、これから先の5年、販促の方法と営業の方向を間違えずにやり続ければ、今とは全然違う世界が待っています。本書の通りに、平野工務店の成功した方法を真似て実行するだけでよいのです。

　まずはぜひ、右ページにある計画書を参考にして自分で計画書を作成してみてください！　地域で営業をやりはじめると、売上になるのには少し時間がかかりますが、"やりがい"はすぐにでも得ることができます。そのやりがいが次のパワーを生んでくれるので、長い道のりのように感じても、コツコツ続けていこうと思える瞬間にたくさん出会うことができます。

　最初の一歩さえ踏み出すことができれば「地域密着経営」の実現はあっという間です！

【チラシ事業計画書作成例】

※売上 5,000 万円と仮定

	1年目	2年目	3年目	4年目	5年目
★チラシリフォーム 売上高（粗利25%）	3,000,000	5,000,000	12,000,000	20,000,000	30,000,000
現状下請けリフォーム 売上高（粗利20%）	47,000,000	45,000,000	38,000,000	30,000,000	20,000,000
売上高合計	50,000,000	50,000,000	50,000,000	50,000,000	50,000,000

	1年目	2年目	3年目	4年目	5年目
★チラシリフォーム 原価	2,250,000	3,750,000	9,000,000	15,000,000	22,500,000
現状下請けリフォーム 原価	37,600,000	36,000,000	30,400,000	24,000,000	16,000,000
売上原価	39,850,000	39,750,000	39,400,000	39,000,000	38,500,000

	1年目	2年目	3年目	4年目	5年目
給料	3,500,000	3,500,000	3,500,000	★4,000,000	★4,500,000
法定福利費	350,000	350,000	350,000	350,000	350,000
福利厚生費	50,000	50,000	50,000	50,000	50,000
広告宣伝費	600,000	600,000	600,000	600,000	600,000
接待交際費	500,000	500,000	500,000	500,000	500,000
旅費交通費	300,000	300,000	300,000	300,000	300,000
通信費	300,000	300,000	300,000	300,000	300,000
消耗品費	200,000	200,000	200,000	200,000	200,000
事務用品費	100,000	100,000	100,000	100,000	100,000
修繕費	150,000	150,000	150,000	150,000	150,000
水道光熱費	200,000	200,000	200,000	200,000	200,000
新聞図書費	50,000	50,000	50,000	50,000	50,000
諸会費	50,000	50,000	50,000	50,000	50,000
車両費	150,000	150,000	150,000	150,000	150,000
地代家賃	1,000,000	1,000,000	1,000,000	1,000,000	1,000,000
リース料	200,000	200,000	200,000	200,000	200,000
保険料	150,000	150,000	150,000	150,000	150,000
租税公課	100,000	100,000	100,000	100,000	100,000
減価償却費	1,500,000	1,500,000	1,500,000	1,500,000	1,500,000
雑費	500,000	500,000	500,000	500,000	500,000
販売管理費計	9,950,000	9,950,000	9,950,000	10,450,000	10,950,000

	1年目	2年目	3年目	4年目	5年目
営業損益金額	200,000	300,000	650,000	550,000	550,000

※できる限り詳細な計画書をつくりましょう！

エピローグ

最後は私のことを
書きます

01

番外編：
大家さんになって
思ったこと

　平野工務店では、2014年から経営の安定化を図るために収益不動産事業、つまり、**賃貸オーナー業**をはじめました。まずは、市内のワンルームマンションの1部屋を購入するところからはじめました。

　建築業というのは、前述した通り、何十万〜何百万という高額のお金を扱う商売をしていますが、平野工務店がワンルームの1部屋を貸して入ってくる賃料は5万円程度です。しかし、いざ物件を所有し、**この毎月5万円の収益が入ってくる現実が、何とありがたく感じられることか**。そして、自分の金銭感覚がいかに大まかなものになっていたか、そう気づかされたのです。

　入ってくる5万円も、出ていく5万円も、同じ5万円なのですから、入ってくる5万円に今まで以上に感謝するようになると、出ていく5万円が惜しくなるのも当たり前です。毎月、何百万という売上と支払いを繰り返す中で、金銭感覚が鈍くなりかけている方は、注意してください。

　また建築関連業の人が、不動産の収益物件を所有するということは、**修繕が自社でできるというメリット**もあるのでとても合理的な事業だと思います。

　そして、**「お金」について今一度、考える機会**としてもいい経験になると思います。ぜひ、自社の今後の展開の視野の中に入れてみてください。

【不動産事業の収益を考える】

リフォーム店が大家さんになる５つのメリット

❶ 原価で改装ができる

- -

❷ 安定収入が得られる

- -

❸ 不動産屋さんとのつながりがつくれる

（リフォーム業の仕事をもらえる可能性がある）

- -

❹ 大家さんの気持ちがわかるので、

賃貸リフォームも得意分野になる

- -

❺ 金銭感覚が鋭くなる

02 突然襲ってきた コロナショックにも 地域密着経営は強い！

　2020年年頭からの新型コロナウイルス感染拡大の影響により、建築業界では資材搬入の遅れからはじまり、消費マインドの低下による受注減、大手デベロッパーの建築作業自粛等の影響が襲ってきており、壊滅状態と嘆く事業所まであります（本項を執筆しているのは2020年4月下旬です）。

　しかしそんな中でも、地域密着経営は強さを発揮しています。もちろん、まったくダメージがない訳ではありませんが、**根強く工事依頼の電話が鳴っています**。参考までに、右ページに2月以降の反響の状況を載せましたので、ご覧ください。

　さて、新型コロナウイルスの影響が出はじめてから随時、商社や材木店さんに他社の発注状況を確認しているのですが、やはり徐々に売上が減ってきているということを聞きます。読者の方はいかがでしょうか。

　私は、この**コロナショックによるピンチは、地域密着経営スタートのチャンス**だと思っています！

　というのも、約10年前のリーマンショックによる不況が、平野工務店にとって地域密着経営をスタートさせるチャンスだったからです。あの時、開き直って地域密着経営に舵取りをしたからこそ、今の平野工務店があるのだと心から実感しているのです。

【コロナショックの影響やいかに……】

2020 年 2 月 15 日〜 4 月 20 日までの反響

受注日	顧客名	内容
2 月 15 日	M 様	天井修理
2 月 17 日	A 様	波板修理
2 月 17 日	F 様	フェンス工事
2 月 19 日	U 様	トイレ詰まり
2 月 20 日	A 様	トイレのリフォーム
2 月 27 日	N 様	フローリング工事
2 月 27 日	O 様	台所の換気扇交換
3 月　4 日	Y 様	コンセント交換
3 月　6 日	H 様	1 階部分全面改装
3 月　9 日	A 様	風呂の鍵の取り替え
3 月　9 日	H 様	網戸の張り替え
3 月　9 日	F 様	門柱タイル工事・ポスト交換
3 月 12 日	S 様	障子・襖張り替え
3 月 19 日	K 様	廊下・リビングフロア工事・トイレ交換
3 月 25 日	K 様	トイレ漏水
3 月 26 日	O 様	洗面水栓漏水
4 月　4 日	K 様	下水管漏水
4 月　7 日	M 様	1 階内装リフォーム
4 月　7 日	N 様	キッチンリフォーム・廊下・リビングフロア
4 月　9 日	K 様	排水詰まり
4 月 13 日	H 様	看板の蛍光灯交換
4 月 20 日	S 様	キッチンリフォーム

通常であれば 30 件以上（平均）の反響があるのですが

コロナの影響があっても **20 件程度** あります。

これは、根強い依頼数ではないでしょうか。

03 座右の銘は 「笑うところに福来たる」

　私の座右の銘は「笑うところに福来たる」です。私はできる限り、笑顔でいること、笑うことを意識しています。最近、年配のお客様に、「アンタ、ええ顔になってきたな〜。男の人は生き方が顔に出るからなぁ」といわれ、褒められたら素直にちょうだいする私は、とてもうれしい思いをしました。いつも笑顔でいるので、いい感じで "笑いジワ" が顔についてきたのかもしれません。

　そんな話はさておき、私の「笑うところに福来たる」という言葉は、「**楽しそうなところに人は集まる。笑いの多いところに人は集まる。そして、人が集まってくれば、自然とお金も集まる。そうなると、心も懐も満たされる。総じて "福" となる**」と勝手に解釈しています。

　とにもかくにも **"自分を通じて、まわりの人も幸せになっていく"** そんな理想を心に持って常に笑顔を忘れずに歩んでいきたいと思うのです。関西人は「お笑い」が得意ですからね！

【平野工務店恒例の忘年会】

主催者が平野工務店ではなく、水道業者さんであるところが
ありがたく、うれしい！（普通は、工務店側が主催で、業者
さんは仕方なく出席するパターンが多い……）
「現場はチームワーク！」私は笑顔で、営業活動と現場環境を
整えるだけです。

04 年上の方と積極的に 交流すれば自分の価値が わかります

　昔、隣町のスナックのママさん（当時70歳くらいの方）に**「出世したかったら年上の方と交流しなさい」**と、よくいわれたことを思い出します。

　ママさんがどんな意味で私にそういったのかはわからないのですが、まるで予言だったかのように35歳をすぎた頃から、年上の方と仕事をする機会が格段に増えました。そして、ありがたいことに事業にも"いい結果"をもたらしてくれています。

　年上の方と仕事をすると、**自分とは経験値が違うので様々なことが勉強になります。**そして、自分の未熟さも痛感できます。自分の未熟さを知るということは、もちろん、今後の成長につながりますし、現時点での自分の能力も確認できます。

　年上の方と交流するということは、「価値のあるところにお金は集まる」という点と共通することがあるのかもしれません。

　何十歳も年上の方が、年下で未熟な若者に「忙しい時間を割いて、わざわざつき合ってやろう！」という事実は、その**若者に少しでも価値がなければ成立しない**とも思います。年上の方といろいろなつながりや交流を持てる人間かどうかということは**「自分の価値」を測ることができるいい機会**ではないかと思います。

【年上の方とのつき合いを大切に】

私が 30 歳の時、スナックにて

> 佑允君も 30 歳か〜。
> 出世したかったら、
> 年上の方と
> お仕事しなさい

スナックのママさんにいわれたこの言葉をきっかけに

↓

5 年後

> こちらこそいつも
> 勉強になります。
> これからも
> よろしくお願いします！

自分 35 歳

> 今回は取引、
> ありがとう！
> これからも頼むよ。
> 僕も年を取ってきた
> からなぁ

A さん 55 歳

↓

1 年後

> あれからもう 1 年ですね。
> 今日は〇〇について
> ご相談がありまして。
> お忙しいのに来て
> いただいて
> ありがとうございました。

> 君のような若い可能性の
> ある人と話をするのは
> 僕にとっても
> 有意義なことなんだよ。
> 〇〇のことは、こうして
> みたらどうだい？

A さんに認められ、人脈が拡大！

05 子育ても積極的にできる 自由業・個人工務店！ 連れてまわれば 好感度もアップ！

「私の職業は"自由業"です！」。とうとう最後にいってしまいました。

　時間管理ができるようになれば**"売上を確保しながら時間をコントロールする"**ことができるようになります。ということは、「**時間がほしい時に時間をつくる**」ということが可能になるのです。簡単にいってしまうと "自営業" というよりも "自由業" ということになってしまうのです。私の妻はフルタイムで仕事をしているので、子どものお迎えとお風呂に入れるのは（お風呂掃除も）私の担当です。子どもが風邪を引いた時は、車の中に寝かせて現場をまわったこともあります。

　お客様から「なんだ、子どもなんか連れてきて！」と怒られることを想像されるかもしれませんが、地域密着の小さな工務店のお兄さん（41歳でもそう呼ばれます）というキャラで通っている私は、子どもと一緒に現場に行っても、許されます。むしろ、いい人そうなイメージが伝わって、お客様に好印象を与えているかもしれません。

　小さいお店と自覚している、小さいお店の店主だからこそ、そんな気楽な気持ちで仕事ができるわけです。皆さんも自営業の先にある、夢の "自由業" を手に入れて、家族をもっともっと幸せにしてあげてください！

【個人工務店（小さいお店のお兄さん）でよかったこと】

- ▶ 定刻に縛られずに働ける
- ▶「家のことを何でも相談できる地元の人」という気楽な立場
- ▶ 子どもを現場に連れて行っても、当たり前のように理解される
- ▶「体調不良です」と伝えると、「治ってからでいいよ」といってもらえる
- ▶ 存在意義を日々実感しながら働ける（「この町の人たちは私の店がなくなったら困るだろうなぁ」と思える）
- ▶「忙しいので少し待っていてくださいね」の一言で、待ってもらえる
- ▶ 仕事で日中留守にしているお客様に、家の鍵を預けられることもある
- ▶「勝手に敷地内に入って見てください」といってもらえる

つまり

個人として普通に信用してもらうことが、
そのまま仕事への信用につながる。
特別な心遣いや、特別な努力は不要

ありのままの自分で仕事ができる！

おわりに

　「本を書く」という作業を通じて、改めて自分の歩みを振り返る時間をもらうことができました。地域密着経営を志して約10年。自分の歩んできた道が間違っていなかったと実感しています。町の人が誰も知らなかった平野工務店が、「何かあったら平野工務店にお願いしよう」、そう思ってもらえる身近な工務店にまで成長しました。

　本書を通じて最後にお伝えしたいことは、私が地域密着経営で何ものにも代え難いものを得たことについてです。

　町の人の幸せや喜びを、建築を通じて届けることで感謝される日々、それこそが建築人としての本望だと思います。そう、私は地域密着経営をすることで"やりがい"を得ることができました。そのやりがいある幸せな日々を、読者の皆さんにも味わってほしいと心から願っています。

　本書の執筆において、「一般社団法人5,000世帯からはじめるリフォーム経営塾」の代表であり、私の頼れるビジネスパートナーでもある株式会社ジブラボの藤森保弘社長には、たくさんのフォローとバックアップをしてもらいました。また、私が地域密着に舵取りをした時に、自らのご経験から得たノウハウを惜しげもなく伝授してくださった師匠である大塩社長は、出版が決まったことをお伝えした時、自分のことのように喜んでくださいました。初めての書籍執筆で不安な気持ちの中、温かくサポートしてくださった編集担当の津川さん。出版のきっかけをつくってくれた長谷部あゆ様。執筆に時間を割くことで迷惑をかけてしまった平野工務店の協力業者の皆さん。最後に、執筆中少し神経質になっていた私に、いつも通り明るく振る舞って支えてくれた妻と子ども。本当にありがとうございました。出会いに感謝。

　2020年5月　　　　　　　　　　　　　　　　　　平野佑允

著者略歴

平野　佑允 (ひらの　ゆうすけ)

有限会社平野工務店取締役 (代表)
二級建築士　宅地建物取引士
兵庫県神戸市出身。2007 年より平野工務店を継ぎ、下請けからの
脱却を掲げ、地域密着元請け化を推進。2013 年に平野工務店の取
締役 (代表) に就任する。2016 年 3 月「一般社団法人 5,000 世帯
からはじめるリフォーム経営塾」を株式会社ジブラボの藤森氏と立
ち上げる。立ち上げ後は精力的に全国でセミナー等を開催。小規模
建築店やひとり親方の地域密着経営をサポート。平野工務店の社長
兼監督兼営業という立場は変えず、日々、建築人として現場を走り
まわる。活動地域は、工務店では地元 5,000 世帯、経営塾では全国。

平野工務店ホームページ
https://www.hirano-komten.net

小さなリフォーム工務店・ひとり親方の
徹底して地域密着で儲ける経営

2020年6月25日初版発行

著　　者 —— 平野佑允

発行者 —— 中島治久

発行所 —— 同文舘出版株式会社

東京都千代田区神田神保町 1-41　〒 101-0051
電話　営業 03 (3294) 1801　編集 03 (3294) 1802
振替 00100-8-42935

©Y.Hirano　　　　　　　　　ISBN978-4-495-54058-6
印刷／製本：萩原印刷　　　　Printed in Japan 2020